余英時
文集
——
08

十字路口的中國史學

余英時 —————— 著

李彤 ——— 譯　何俊 ——— 編

余英時文集編輯序言

聯經出版公司編輯部

　　余英時先生是當代最重要的中國史學者，也是對於華人世界思想與文化影響深遠的知識人。

　　余先生一生著作無數，研究範圍縱橫三千年中國思想與文化史，對中國史學研究有極為開創性的貢獻，作品每每別開生面，引發廣泛的迴響與討論。除了學術論著外，

他更撰寫大量文章，針對當代政治、社會與文化議題發表
意見。

　　一九七六年九月，聯經出版了余先生的《歷史與思
想》，這是余先生在台灣出版的第一本著作，也開啟了余
先生與聯經此後深厚的關係。往後四十多年間，從《歷史
與思想》到他的最後一本學術專書《論天人之際》，余先
生在聯經一共出版了十二部作品。

　　余先生過世之後，聯經開始著手規劃「余英時文集」
出版事宜，將余先生過去在台灣尚未集結出版的文章，編
成十六種書目，再加上原本的十二部作品，總計共二十八
種，總字數超過四百五十萬字。這個數字展現了余先生旺
盛的創作力，從中也可看見余先生一生思想發展的軌跡，
以及他開闊的視野、精深的學問，與多面向的關懷。

　　文集中的書目分為四大類。第一類是余先生的**學術論
著**，除了過去在聯經出版的十二部作品外，此次新增兩冊
《中國歷史研究的反思》古代史篇與現代史篇，收錄了余
先生尚未集結出版之單篇論文，包括不同時期發表之中英
文文章，以及應邀為辛亥革命、戊戌變法、五四運動等重
要歷史議題撰寫的反思或訪談。《我的治學經驗》則是余
先生畢生讀書、治學的經驗談。

　　其次，則是余先生的**社會關懷**，包括他多年來撰寫的
時事評論（《時論集》），以及他擔任自由亞洲電台評論員
期間，對於華人世界政治局勢所做的評析（《政論集》）。

其中，他針對當代中國的政治及其領導人多有鍼砭，對於香港與台灣的情勢以及民主政治的未來，也提出其觀察與見解。

余先生除了是位知識淵博的學者，同時也是位溫暖而慷慨的友人和長者。文集中也反映余先生**生活交遊**的一面。如《書信選》與《詩存》呈現余先生與師長、友朋的魚雁往返、詩文唱和，從中既展現了他的人格本色，也可看出其思想脈絡。《序文集》是他應各方請託而完成的作品，《雜文集》則蒐羅不少余先生為同輩學人撰寫的追憶文章，也記錄他與文化和出版界的交往。

文集的另一重點，是收錄了余先生二十多歲，居住於**香港期間**的著作，包括六冊專書，以及發表於報章雜誌上的各類文章（《香港時代文集》）。這七冊文集的寫作年代集中於一九五〇年代前半，見證了一位自由主義者的青年時代，也是余先生一生澎湃思想的起點。

本次文集的編輯過程，獲得許多專家學者的協助，其中，中央研究院王汎森院士與中央警察大學李顯裕教授，分別提供手中蒐集的大量相關資料，為文集的成形奠定重要基礎。

最後，本次文集的出版，要特別感謝余夫人陳淑平女士的支持，她並慨然捐出余先生所有在聯經出版著作的版稅，委由聯經成立「余英時人文著作出版獎助基金」，用於獎助出版人文領域之學術論著，代表了余英時、陳淑平

夫婦期勉下一代學人的美意，也期待能夠延續余先生對於
人文學術研究的偉大貢獻。

編者序言

我收集余英時先生的英文論著，初衷本是為了自己更全面地學習他的治學方法和理解他的論學旨趣。但在閱讀的過程中慢慢覺得，如果能將這些論著譯成中文，也許不失為一件有意義的事情。這意義在我看來至少有兩點：一是有興趣的讀者可以更全面地讀到余先生的論著；二是有助於對海外漢學以及中美學術交流的認識與研究。

《東漢生死觀》取名於余先生1962年在哈佛大學的同名博士論文。由於這篇學位論文中的第一章後經修改以同名發表於1964-1965年的《哈佛亞洲研究學刊》，因此在本冊中用後者取代了前者。此外，另收了同一主題的一篇書評(1981年)和一篇論文(1987年)。時隔20年作者續論這一主題，主要是因為考古的新發現。1978年末余先生率美國漢代研究代表團訪問中國月餘，漢代文獻與遺跡的親切感受大概也起了啟動作用。

《漢代貿易與擴張》取名於余先生1967年出版的同名專著。此外，另收了兩篇論文和一篇書評。論文與漢代有關，發表的時間雖然分別是1977年和1990年，但後者是因所收入的文集出版延後所致，實際上它們同時完成於1973-1975年間。與這一主題相關，作者後來為《康橋中國史》(秦漢卷)(1988年)撰有專章「漢代對外關

係」，此書早有中譯本，故這裏不再收錄。1964年刊行的書評是關於唐代財政體制的，雖與漢代無直接關係，但考慮到主題同屬於社會經濟史，所以一併編入此冊。

《人文與理性的中國》由多篇論文組成，討論主題集中在中國思想史，涉及3世紀到當代，體裁有專論、書評、條目和序跋，先後發表於1980-2000年。之所以取名爲《人文與理性的中國》，是我以爲這個提法能反映余先生的思想，他的所有思想史論著從根本的意義上說，也正是要釋證中國文化中的人文情懷和理性精神。（編按：繁體中文版出版時，依余先生的意思，增收〈文藝復興乎？啓蒙運動乎？——一個史學家對五四運動的反思〉、〈朱熹哲學體系中的道德與知識〉、〈歷史視野的儒家與中西相遇〉、〈20世紀中國現代化與革命崇拜之爭〉、〈歷史學的新文化轉向與亞洲傳統的再發現〉五文。）

《十字路口的中國史學》，取名於余先生作爲美國漢代研究訪華團團長寫成的同名總結報告。此外，收入了由余先生滙總的訪問活動與討論日記，以及差不多同時完成並與主題相關的一篇專論。這篇專論最初以中文寫成發表，後被譯成英文並經作者適當改寫後發表，收入本冊時相同部分照錄中文，不同部分則據英文而譯。

余英時先生的英文論著在1970年代有一個明顯的變化，此後他的學術論著主要是以中文發表，大部分英文論著則概述他中文論著的主要思想，以及他對中國思想文化傳統的分析性通論。前者顯然是因爲他希望更直接地貢獻於中國學術，後者則表明他希望將中國的學術引入美國。促成這個變化的契機大概是他1973-1975年在新亞書院及香港中文大學的任職。雖然服務兩年後仍回哈佛任教本是事先的約定，且這兩年的服務也令他身心疲累，但深藏於他心中的

中國感情似乎更被觸動，更需要得到合理的安頓。1976年1月余英時先生四十六歲時，同在哈佛任教的楊聯陞將自己與胡適的長年往來書信複印本送給他作為生日禮物，在封面上題寫：「何必家園柳？灼然獅子兒！」大概正是體會到弟子的心情而示以老師的寬慰、提示與勉勵吧。

此後，余先生與兩岸三地的中國學界一直保持著密切的學術交流。我在余先生小書齋的書架上翻覽時曾見到錢鍾書在所贈《管錐編》扉頁上的題詞，當時覺得有趣，便請余先生用他的小影印機複印了一份給我，現不妨抄錄在這裏，也算是一個佐證。題云：

> 誤字頗多，未能盡校改，印就後自讀一過，已覺須補訂者二三十處。學無止而知無涯，炳燭見跋，求全自苦，真癡頑老子也。每得君書，感其詞翰之妙，來客有解事者，輒出而共賞焉。今晨客過，睹而歎曰：「海外當推獨步矣。」應之曰：「即在中原亦豈作第二人想乎！」並告以入語林。

總之，讀余英時先生的英文論著應當注意其中的中國學術背景，正如讀他的中文論著應該留心其中的西方學術背景一樣。

何　俊

目次

十字路口的中國史學
(1981年)

　　在我們代表團訪問期間，中國正經歷著一場巨大的思想變革，一場統稱為「思想解放」的變革，它的正式名稱是「貫徹執行雙百方針(百花齊放、百家爭鳴)」。至少對中國而言，在我們所訪問的各個地方，尤其是在北京，思想界的氣氛應該是異常寬鬆。我無拘無束地和中國學者談到胡適、錢穆以及其他海外學術界的人物，沒有感到對方有任何的不自在或尷尬。我也有機會和一些中學生聊天，他們提出了自己對所謂的「文化大革命」和偉大舵手的批評意見。這令人想起1978年11月中旬爆發的民主牆運動，它剛好發生在我們離開中國後。回想起來，正值中國步入正確軌道之時，我們訪問了這個偉大的國家，這的確是很幸運的。

　　當然，此次訪問的官方性質決定了我們很難深入到中國歷史學家的內心世界。而且，因為代表團的重要任務是考察秦漢考古原址，碰到的自然更多的是考古學家，而不是歷史學家。下文中我將根據「四人幫」倒台後的出版物，以及與中國學者的單獨談話內容，試就近來中國古代史研究中的動向談一些個人的看法。

一、反「影射史學」運動

1976年「四人幫」倒台後,史學界發生了根本的變化。正如我們所了解到的,不僅「中國歷史中的儒法鬥爭」的主旋律遭到擯棄,而且對孔子的批判也降了調。有幾次在預料到我會持否定意見的情況下,他們還特地邀請我去評論儒法鬥爭。如同我們的中國同行現在看到的,在「四人幫」控制下(特別是從1973年到1976年),中國史研究的學術規範已完全遭到破壞,史實受到全面地、有組織地歪曲和篡改。「四人幫」的「那夥史學家們」對中國歷史並無興趣,他們是用歷史來為當前的政治服務。孔子先是與周恩來掛鉤,接著是鄧小平,最後是華國鋒。秦始皇與毛澤東,漢代的呂后和唐代的武則天與江青,法家與「四人幫」及其追隨者,儒家與部分老一輩革命家,也都劃上了等號。因此,「影射史學」一詞被用來描述「四人幫」直接影響下所出版的「歷史」著作的特徵。

反「影射史學」運動幾乎在「四人幫」垮台後就立即開始了。據我所知,「影射」一詞最早見於1976年10月份那期《歷史研究》。自從「文革」後期復刊以來,《歷史研究》一直受那夥人牢牢控制。這份專業刊物呈現出非常嚴重的症狀,大多數文章採用影射方式。正如一篇簡要評論所批評的:「(那夥人)借古諷今,影射比附,弄虛作假,斷章取義。」[1]在我們訪問中國時,這場運動正有聲有色地進行著。從私人交談中,我得知「四人幫」在北京、上

1　見《歷史研究》1976年第5期頁27評論員文章。丁偉志〈「四人幫」是歷史科學的敵人〉(《歷史研究》1978年第6期,頁5)一文認為,華國鋒將「四人幫」對歷史的態度視為「古為幫用的影射史學」。

海有兩個聲名狼藉的寫作班子,分別以梁效(與「兩校」諧音)和羅思鼎(與「螺絲釘」諧音)為名發表文章。有些人對濫用影射史學也負有很大的責任,其中,楊榮國、趙紀彬、周一良、劉大杰尤值關注。

最近一位中國作者披露,「儒法戰線的鬥爭」這一論題最初是由楊榮國提出的,1972年底楊在共產黨的機關刊物《紅旗》上發表了題為〈春秋戰國時代思想領域兩條路線的鬥爭〉一文。從此這個論題被極度引申,以至於「文革」被解釋為儒法鬥爭的延續[2]。從《中國古代思想史》和《初學集》等早期著作的質量看,楊充其量不過是一個三流的普及者和綜合者。沒有　象表明他曾在鑽研原著的基礎上,從事過專題性研究。1973年他突然近乎神話似的成了國內(乃至於國際)中國史方面最富權威性的人物。在「四人幫」時期,由他主編的《簡明中國哲學史》(人民出版社,1973年版,1975年修訂版)比任繼愈主編的《中國哲學史》更具正統性和權威性。而且廣東、廣西、湖北、河南、安徽、北京等許多地方邀請他去群眾大會上作反孔演講[3]。然而,公允地說,楊後來的一些觀點可以在他的早期著作中找到淵源。例如,春秋時期「禮」、「法」鬥爭的問題,孔子是沒落奴隸主貴族代言人和韓非子是新興地主階級思想家的提法,都出現在《中國古代思想史》一書中。唯一的區別是早期這些論題沒有因服務於政治目的而被扭曲到極點,可能因為他強烈反孔和贊成法家,所以「四人幫」選他充當官方史學家。

2　見華森,〈幫用史學的始作俑篇〉,《學術研究》1978年第2期,頁18-23。

3　見諸葛計和方式光,〈且看廬山真面目〉,《歷史研究》1978年第5期,頁17-25。

據可靠消息說，他死於1978年，那時他已名聲掃地。

趙紀彬與楊榮國不同，他是馬克思主義「文獻學家」。在反孔運動中，他尤以他的「發現」出名。他發現了歷史上儒法路線鬥爭的最早證據——孔子在西元前498年殺了少正卯。在〈關於孔子誅少正卯問題〉的專題論文中，他試圖大膽地證實最初出現於《荀子·宥坐》中的這個故事。通過多種形式的文獻學歪曲和對原文的曲解，他聲稱已確證「史實」：孔子任魯國司寇時，處死了少正卯，而少正卯是「法家先驅」。還有意思的是，在討論此問題的眾多作者中，趙稱贊楊榮國最接近問題的真相[4]。最近曝光了一些內幕，據說在反孔運動早期，江青和姚文元覺得需要找一個反孔的法家人物，以便全面展開從孔子時代到現代兩條路線鬥爭的中心論題。法家直到戰國才出現，時間太晚，無法適應政治需要。趙對少正卯問題的研究恰好填補了「四人幫」政治空論上的缺口[5]。出於同樣目的，1974年趙還修改了他的《論語新探》。正如他在修訂本的後記中所講，他拋棄了較早的看法。以前他認為孔子思想中有「進步」一面，也有「反動」一面。後來他得出結論，孔子思想完全是反動的，所有方面都趨向於「復辟」[6]。這裡，政治上的暗示和趙的評論中與現代的關聯，都太明顯了，不會被忽略。然而，由於趙的著作總是採用語言和原文分析的形式，所以可能從未得以流行。幸運的是(現在看來是不幸)，他在「四人幫」團伙的青年人中

4　趙紀彬，《關於孔子誅少正卯問題》(上海：上海人民出版社，1973)，頁8-9；楊榮國，《中國古代思想史》(香港：三聯書店，1952)，頁86-87。

5　傅孫，〈評唐曉文的三篇代表作〉，《歷史研究》1978年第1期，頁48-49。

6　趙紀彬，《論語新探》(上海：上海人民出版社，1976)，頁418-419。

發現了一個叫唐曉文的有力普及者。基於趙的「學術發現」，唐寫了許多爭鳴文章，借孔子攻擊周恩來。例如，他對趙《論語新探》裡的一個章節作通俗翻版的文章〈孔子是「全民教育家」嗎？〉，顯然是把周的教育方針當作活生生的靶子。趙也是由唐於1973年6月引薦給江青的[7]。

周一良是哈佛培養的史學家，專門研究魏晉南北朝史。他在《哈佛亞洲研究學報》1945年卷八上發表的〈中國密教〉("Tantrism in China", *Harvard Journal of Asiatic Studies*, vol.8, 1945)和《魏晉南北朝史論集》(北京，三聯書店，1963年)充分顯示了他淵博的學識。我早已得知他投靠了「四人幫」，但直到來中國，才知道他捲入「四人幫」政治中有多深。他是最受江青信賴的主要學術顧問之一和「四人幫」在北京的寫作班子(即臭名昭著的梁效)裡的重要成員。1974年他發表了兩篇文章，一篇關於諸葛亮的法家路線，另一篇關於柳宗元的〈封建論〉[8]。據最近一位作者說，後一篇尤受江青賞識，因為文章正好包含了針對軍區司令的訊息，即他們必須服從「四人幫」的集中控制[9]。對諸葛亮的研究也是為「四人幫」的政治需要服務的，他得出的「教訓」是：一群人只要遵循「法家路線」，就可以很快創建一個統一帝國，而他指的「法家路線」就是「四人幫」的「革命路線」[10]。顯然，在質而不是在量

---

7 傅孫，〈評唐曉文的三篇代表作〉，頁54。
8 周一良，〈諸葛亮和法家路線〉，《歷史研究》1974年第1期，頁57-66和〈讀柳宗元封建論〉，《紅旗》1974年第2期，頁32-39。
9 見陳石之，〈評「四人幫」發言人梁效〉，《歷史研究》1977年第4期，頁7。
10 見田居儉，〈助幫為虐的諸葛亮研究〉，《歷史研究》1978年第4期，頁11-19。

上，周的文章爲「影射史學」的興起做出了獨特的貢獻[11]。

　　劉大杰是上海復旦大學的中國文學教授。「文革」以前，他一直是受人尊敬的非馬克思主義文學史家。因爲借武則天頌揚江青，他犯了影射的錯誤。《中國文學發展史》(上海人民出版社，1976年)第二冊是以儒法鬥爭的觀點來系統闡釋整個唐代文學發展的。第二章第二節則全部留給了武則天時代。很大程度上，作者將初唐的文學成就歸功於女皇的法家政策，並且在唐代文學史上爲她保留了極高的位置。在論述古文運動的第七章裡，作者希望採用的理論框架是，「進步的法家」柳宗元(773-819)是運動最重要的領袖，而「保守的儒家」韓愈(768-824)只能被排斥在外。然而有些令人吃驚的是，作者採取歪曲事實的手段，企圖證明柳宗元在一些政論文中聲討過周公。在這種情況中，周公無誤地是指周恩來。最近，劉大杰的著作作爲「影射史學」的典型而受到嚴厲批判[12]。

　　反「影射史學」的運動大概要占用中國學者幾年時間和精力。爲了在中國史領域中開始新的耕耘，必須首先清除關於過去與現在之間的錯誤觀念，這種觀念的影響既深且廣。在過去的三年裡，關於孔子、荀子、秦始皇、董仲舒、武則天、柳宗元、韓愈、王安石、蘇軾、宋江、王夫之等人，發表了大量論文。換言之，中國學者用大量時間只是爲了清除「四人幫」時期對中國史學產生的影響。

11　見丁偉志，〈「四人幫」是歷史科學的敵人〉(頁5)和徐中玉，〈從「四人幫」反蘇軾談起〉，《中華文史論叢》1978年7月第7期，頁25-26。

12　吳文祺，〈一本荒謬的文學史〉，《中華文史論叢》1978年10月第7期，頁229-242和唐振常，〈可憐無補費精神〉，同上，頁243-271。

二、「破除禁區」

當我們到達北京時，一個全國性的史學會議剛剛在吉林省長春市舉行，這是我們所知的中國古代史研究領域出現的一個新動向。會上重新討論了中國古代的分期問題。在10月18日的午餐會上，我們的主人于光遠先生告訴我們會上提出了六種不同的分期理論。我們知道分期問題本身並不新鮮，它在五十年代就曾是引起爭論的話題[13]。按照馬克思主義的階段論，中國古代史的分期取決於奴隸制結束和封建制開始的時代。郭沫若的分期被採用為正統的解釋。他認為，奴隸制向封建制的轉變發生在春秋戰國時代。值得注意的是，「四人幫」認可郭的觀點，並非因其本身的價值，而是因為它非常符合他們對孔子的解釋，他們認為孔子是行將崩潰的奴隸制的捍衛者。在「四人幫」猖獗的時候，不允許其他理論的存在，中國古代史的分期問題也因此成為「禁區」之一。

11月初，當我們回到北京時，《光明日報》（1978年11月18日）簡要地報導了此次會議。此次會議由《歷史研究》和《社會科學戰線》兩個編輯部共同主辦，來自15個省市的86位史學家代表51個教學、科研、出版單位參加了會議[14]。六種分期理論是：

1.西周。這個理論為已故范文瀾所堅持。此論主要建立在兩個論據上：其一，在各種周代文獻和青銅銘文中，民、庶民或庶人指

13　關於這個問題，請見Cho-yun Hsu, "Early Chinese History: The State of the Field," *Journal of Asian Studies* 38，卷3（1979年5月），特別是pp. 454-456。

14　關於此次會議更進一步的報導，見《社會科學戰線》1978年第4期，頁123-130。

的不是奴隸而是平民，包括擁有土地和農具一類私有財產的農民。
其二，井田制下各級地主私田分配給農民耕種，這種土地制暗示著
封建主義。

2.春秋時期。郭沫若最早提出此理論，但後來放棄了。他認為
轉型發生在西元前770年左右，分封制的發展是這一時期的特徵。
新的土地和稅收制度（諸如西元前645年晉國的「爰田」，西元前
594年魯國的「初稅畝」和西元前590從每丘徵兵），以及鐵農具
的出現也被作為封建制開始的證據。

3.戰國時期。這是郭沫若最後提出的決定性意見，可能這一理
論在當今的史學家中擁有更多的支持者。戰國時期，鐵農具不僅出
現了，而且在北至長城南到長江流域的區域裡得到廣泛使用，這被
視作封建生產方式的主要成分而得以強調。其他的技術進步，如使
用畜力耕地、修建灌溉工程和施肥，也認為很重要。以這種觀點看
來，井田制有些像奴隸制的土地制度，戰國時期廢除井田制意味著
封建制的開始。在上層建築領域中，轉變清楚地反映在官僚政治的
改革中。從西元前426年（魏）到西元前316年（燕），各個諸侯國裡都
發生了變革。這個理論的一個變體，是將西元前350年商君正式廢
除井田制看成是奴隸時代結束的標誌。

4.秦的統一。據此理論，中國的奴隸時代始於夏代，西周時期
達到頂峰，結束於秦的統一，整個戰國時代是過渡時期。在戰國時
代，「士」階層的出現、官僚政治的改革運動和井田制的瓦解，導
致了西元前221年中國完全的封建化。金景芳是這個理論的主要提
倡者[15]。

15　見金景芳，〈中國古代史分期商榷〉，《歷史研究》1979年第2期，頁

　　5.東漢時期。這一派對西漢社會的性質有兩種不同的看法。一種認為西漢時期奴隸的數量急劇增加，這是史無前例大規模掠賣奴隸的結果。另一種注意到相對於有權有勢的奴隸主家庭，農民也有少量地產。但他們堅持在生產方式和生產關係方面，奴隸制繼續占統治地位。總的來說，這一派非常重視東漢光武帝頒布的解放奴婢的詔令，這些詔令構成了中國封建國家的法律基礎。

　　6.魏晉時期。最後這一派也相信，在漢代政府和私人的大型農工商企業中，奴隸是最主要的勞力。這一派的領袖何茲全主張漢代以後奴隸制才向封建制轉化的觀點，他分析了魏晉時期的四類社會經濟變化：一、城市向自然經濟的轉移；二、介於奴隸和平民之間的半自由社會群體(如客和部曲)的出現；三、政府和豪族之間競相控制人口的爭鬥；四、無土地農民的社會身分由游民向農奴轉變[16]。但在轉變的確切時間上，這一派出現了意見分歧。一些人認為是在三國鼎立開始時，另一些人(包括何茲全)則對比西方的羅馬帝國，認為封建制度伴隨著西晉的滅亡而產生。

　　正如中國報導所評論的，會議的重要性不完全在於提出了各種理論的根據，因為大部分討論是1950年代的繼續。在大約中斷十二年之後，中國的史學家們在歷史分期問題上可以第一次發表不同的看法，這是這次會議的意義所在[17]。這一禁區的突破對於研究中國古代史勢必產生重要的影響。譬如當我和一位成都的學者討論這次會議的意義時，他說：「假如中國的封建制並不像過去十年所普遍認為的那樣始於戰國時代，而是始於西周，那麼所有關於儒法鬥爭

(續)————
　　　48-57；第3期，頁50-63。
16　何茲全，〈漢魏之際封建說〉，《歷史研究》1979年第1期，頁87-96。
17　《社會科學戰線》1978年第4期，頁129-130。

的討論就會變成毫無意義的事，而且將不得不以完全不同的眼光看待孔子和他的思想。或者如果我們接受產生於東漢或魏晉的假設，那麼我們對秦始皇及其政策的成見可能發生戲劇性的改變。」由此我們看到，潘多拉的盒子已經打開。隨著分期問題的公開化，「影射史學」的基礎開始坍塌[18]。

三、與歷史學家的私人交談

作為代表團的團長，我個人只有很少時間和精力拜訪史學家。不過幸運的是，我還是有機會與一些傑出的史學家進行了私人交談。

首先是世界宗教研究所所長任繼愈，他是研究中國佛教思想的專家。他研究中國佛教的文集《漢唐中國佛教思想論集》初版於1963年[19]。任先生1930年代在北京大學哲學系念書時，師從湯用彤和熊十力。因為我多少了解一點熊的著作，所以我們便從熊的哲學影響，特別是熊的兩位高足唐君毅和牟宗三在港臺領導的新儒學運動談起。從當代新儒家，我們的話題自然轉到了宋明理學。在一起簡單回顧了西方、港臺和日本的理學研究，特別是朱熹和王陽明研究的近況後，我問任先生，中國的哲學家和思想史家們是否會對理學感興趣。我強調，理學的傳統在思考的範疇(categories of thinking)方面，而不是思想的內容(substance of thought)上，其學

---

18 見劉澤華，〈砸碎枷鎖解放史學〉，《歷史研究》1978年第8期，特別是頁17-18。
19 這本書的修訂本名為《漢唐佛教思想論集》(上海：上海人民出版社，1973)。

術力量(intellectual force)遠沒有喪失。為了說明這點,我向他提了兩個重要的事實:首先,一般說來,儒家思想家,特別是理學家,對改造世界要比解釋世界總是抱有更多的興趣。這與馬克思所見到的西方哲學傳統幾乎完全相反。為什麼馬克思主義那麼吸引中國的知識分子,我相信這是主要的奧秘之一。其次,現代中國人非常強調「專」與「紅」的區別,這在理學「道問學」(朱熹)與「尊德性」(陸王學派)的區分中可以找到很深的根源。我希望中國學者能更嚴肅地對待理學,而不是僅僅在政治上指責它。任先生顯然能接受我的非正統觀點,雖然他很可能只是出於禮貌。不管怎麼說,他讓我相信他有編輯理學原著的計畫。他特別提到,在這個計畫中,王陽明的著作可能在不久後能出版。

在成都,我有機會與四川大學歷史系教授繆鉞交談。我求見繆教授不僅因為他是一位傑出的學者,而且因為他是我以前的老師錢穆教授的老友和楊聯陞教授的內兄。和錢穆一樣,繆也是一位自學成才者,精通古籍、歷史和文學。在四川大學歷史系,他主講和研究魏晉南北朝時期(220-589)的歷史。他的著作很多,其中《讀史存稿》(北京,三聯書店,1963年)收集了他研究魏晉南北朝史的論文,《杜牧傳》(北京,三聯書店,1977年)的初稿實際完成於1964年。他對杜牧(803-853)這位盛唐詩人做過詳細的編年研究,寫成了《杜牧年譜》,此書正待出版。

繆將近八十歲,儘管患有白內障,但「四人幫」倒台後,他恢復了活力,堅持從事科研和教學工作。

交談中,我了解到整個「文革」期間沒有學者能夠進行任何嚴肅的研究工作。譬如,雖然教授們全都不教學了,但仍要求參加日常的政治會議,學習「革命文件」。有時甚至要過半夜才回家,實

已筋疲力盡。後來我在北京時,從瞿同祖教授那裡印證了這一點。瞿教授是「文革」前夕回國的,我問他回國後從事哪項研究,他說幾個月前才調入近代史研究所,他沒有機會看一頁書。至此才弄清楚,在動亂年代,只有考古工作才允許繼續開展,因爲考古碰巧滿足「四人幫」政治宣傳的需要。

我從繆教授那裡得知,除四川大學外,還有兩個魏晉南北朝研究中心。一個在武漢大學,由唐長孺主持;一個在山東大學,由王仲犖主持。王是《魏晉南北朝隋初唐史》第1冊(北京,三聯書店,1962年)的作者。爲了培養在這一重要領域的年輕學者,三個中心最近重建了研究生點。

11月初,當我們回到北京時,我偶然得知唐長孺教授也在京城工作,我於是要求與他單獨會談。11月15日下午,我們的主人友好地安排了我和唐教授在故宮會面。

唐是前上海光華大學已故呂思勉教授的學生。他的主要著作有:《唐書兵志箋證》(北京,科學出版社,1957年)、《魏晉南北朝史論叢》(北京,三聯書店,1955年)、《魏晉南北朝史論叢續編》(北京,三聯書店,1959年)和《三至六世紀江南大土地所有制的發展》(上海人民出版社,1957年)。兩本研究魏晉南北朝的專著已得到國內外同行專家的充分肯定。在批林批孔運動中,可能是迫於「四人幫」的壓力,他發表了一篇討論曹操和另外一個人的法家路線的文章,歌頌「歷史革命」。所謂「歷史革命」,無非是影射史學[20]。我很想知道「文革」對唐這樣優秀的學者究竟幹了些什

20　見唐的〈論曹操法家路線的形成〉,《歷史研究》1975年第1期,頁113-119和〈喜談史學戰線的新變化〉,同上,1976年第1期,頁65-67。如果缺乏真的確信,我相信唐不可能會寫第二篇宣傳謬論的文章。

麼。

　　儘管唐的單位是武漢大學，但他已調到北京多年，從事被指派的工作。由他主持的正史標點本已出版。過去幾年他主要在編輯新疆吐魯番發現的唐代文書。他告訴我，這是另一個大項目，已快完工。1960年代初以來，從吐魯番的各種各樣的墓葬中出土了八千多份唐代及更早的文書，包括政府公文、私人文書(如不同種類的契約)，以及政府與私人間的文書。最近的研究(包括唐本人的)清楚地表明，他們十分關注這一時期的地方行政和社會歷史[21]。我們有希望在二三年內看到他們的出版物。

　　交談中，我特地問起他對門閥制度的看法。我這樣問是因為我知道他在此領域做了一些開拓性的工作。1959年，他發表了有關門閥制度形成與衰落的重要文章[22]。文章中，他把占田制看成是門閥制度的經濟基礎，把九品中正制看成是它的政治基礎。但據1962年底的報導，他完善了他的理論，明確提出門閥制度的經濟基礎不是土地制度，而是被稱為「部曲」或「客」的農奴制[23]。在我的印象中，1962年以後，對此問題他沒再改變過看法。至於門閥制度的衰落，他仍認同已故陳寅恪的解釋，認為隋朝統一後，科舉制取代了九品中正制，削弱了門閥制度的政治基礎，7世紀末武則天反對北

21　有關吐魯番文書的報告見《文物》1972年第1期，頁12-14，79；1973年第10期，頁12-15；1975年第7期，頁12-16。也見唐長孺，〈從吐魯番出土文書中所見的高昌郡縣行政制度〉，《文物》1978年第6期，頁15-21；胡如雷，〈幾件新疆出土文書中反映的十六國時期租佃契約關係〉，同上，頁22-25。
22　見唐長孺，〈門閥的形成及其衰落〉，《武漢大學人文科學學報》1959年第8期，頁1-24。
23　〈唐長孺對門閥制度的新看法〉，《歷史研究》1962年第6期，頁176。

方貴族的政策給了它最後的打擊。他完全知道有學者長期持另一種
觀點,認為門閥制度直到唐代結束,或者甚至更晚的時候才崩潰。
然而在他看來,所有的證據都有很強的說服力,不可能有別的解
釋。他傾向於對作為一種政治、社會和經濟制度的門閥制度與個別
的「世族」做出重要的區分,後者在7世紀以後仍繼續存在。

　　最後,就中外史學家進行合作的可能性問題,我詢問了繆鉞和
唐長孺兩位教授。他們都表示贊成,這很令人鼓舞。我分別問他
們,假設《劍橋中國史》叢書的編者邀請他們寫有關魏晉南北朝時
期那部分,他們是否會考慮接受。他們的反應都是謹慎的,但顯然
是肯定的。這似乎說明,我們的中國同行變得更為積極,他們進入
國際史學家行列中的日子已經到了。

四、個人的一些觀察

　　正如前部分開始時所說,在代表團訪問期間,我與中國史學家
的接觸非常有限,就好像是奔騰咆哮的黃河巨流中的一滴水珠。當
然,即使是河流中跳動的一滴小水珠,它也能反映出目前河流的某
些狀況。在前面分析的基礎上,在結尾部分我冒昧地發表一些個人
的評論。

　　反「影射史學」運動中,不難看出中國歷史學家的熱誠和嚴
肅,他們把從1966年「文革」開始以來就喪失了的理性帶回歷史研
究中。所有　象表明,中國的史學家已開始重新意識到,在歷史與
現實之間應該始終保持一段適當的、有利於彼此健康發展的距離。
把歷史上的孔子和現實聯繫起來,不僅危害歷史學科,而且對於歷
史所服務的社會事業也是災難性的,這一點已得到證明。

　　但是，此項運動僅處於萬里長征的開始階段。多年來的實踐使得影射或多或少地成為史學家和普通大眾的一種思維習慣，某些歷史人物已和某些現代人物緊密地聯繫在一起，需要花時間去消除這種妄加比附的習慣。譬如，當人們讀到某些作者批評秦始皇和洪秀全因患老年痴呆或偏執狂而犯錯誤時，不自覺地會懷疑誰是真正受批判的人[24]。最近對武則天在初唐的作用進行再評價時，也有一些人傾向歸咎於她年老多病的丈夫，並對她淫蕩的個人生活提出嚴厲的批評[25]。暗示太明顯了，用不著解釋。

　　在我看來，影射史學深深地植根於中國的政治現實和理論中，中國共產黨內部派別之爭的激烈化使歷史成為政治的武器。於是吳晗為彭德懷將軍辯護，寫了《海瑞罷官》。戚本禹借反對太平天國將領李秀成投降，攻擊劉少奇和所有那些遭國民黨逮捕後寫「自白書」的黨員。無論在中國歷史上的其他時期，或者在世界的其他地方，歷史被用作黨派鬥爭的武器，顯然不是什麼特別新鮮的事。正如荷蘭歷史學家格爾(Pieter Geyl)講17世紀的西歐：

> 在那些政黨分歧凌駕於公眾生活之上的國家裡——在英國，在荷蘭共和國，確實是為了歐洲天主教和基督教之間鬥爭的目的——人們翻來覆去地查找歷史，以獲得支持己方的材料，或懷疑對方過去的所作所為，或敗壞對方已故

24　例如，見劉澤華和王連升，〈論秦始皇的是非功過〉，《歷史研究》1979年第2期，頁33-47和王慶成，〈關於天父天兄天王太平天國〉，同上，1978年第9期，頁78-82。

25　例如，見何汝泉，〈關於武則天的幾個問題〉，《歷史研究》1978年第8期，頁58-71和熊德基，〈武則天的真面目〉，《社會科學戰線》1978年第1期，頁159-186。

領袖的名聲。可以想到，沒有一件事後世會不知道；但17
世紀黨爭的政治混戰中所採用的方式和歷史影射、闡釋所
占的比例，今人看來仍似乎感到驚訝26。

當然，如果格爾能活到見識「四人幫」控制下的中國歷史被當作武
器的情況，他也許一點也不會認為 17 世紀的事情值得驚奇。

影射史學的思想根源在於古為今用的觀念，事實上，前者是由
後者的實用方面產生的直接後果。但不幸的是用過頭了，步入了歧
途。另一方面，也應指出的是，古為今用的觀念從1950年代產生以
來，就未得到明確的解釋。總的來說，為短期的政治目標服務的動
機，促使史學家直接選擇有用的事實，不可避免地會將歷史的學問
轉變為政治的宣傳。「四人幫」控制下的歷史革命與美國1960年代
新左派激進的史學非常相似，注意到這點很有趣。新左派激進的史
學家也搜尋有用的歷史，「但其結果既不合用，又違背歷史」，費
希爾(David Hackett Fischer)的這個評論很恰當。費希爾關於美國新
左派激進史學家的看法，同樣適用於中國「四人幫」手下的那些
「革命」史學家：

　　總有許多史學家，他們更關注真理和他們在一起，而不是
　　他們和真理在一起。這種態度不是任何流派或任何一代人
　　的專利。但無論它出現在歷史學術活動的什麼地方，其內
　　容都是可恨的，後果都是可怕的。將史學衍變成宣傳工

26　Pieter Geyl, *Use and Abuse of History* (New Haven, Conn.: Yale University
　　Press, 1955), pp.10-11.

具，簡直就是在毀滅它。利用史學的問題不解決，就將顛
覆史學，因爲由此產生的根本就不是歷史。……而且，
「新左派」史學家現在出產的「有用」的歷史不討人嫌，
因爲它內容上是激進的，儘管其方法論上極其保守……許
多新的好程序設計現在正處在發展過程中——這些設計會
更接近於客觀現實的理想。但在激進史學中很少看到它
們，因爲激進史學是印象式的，技術上不複雜，概念上也
無原創性——舊概念只在細小的方面得到調整[27]。

唯一的區別是，古爲今用的觀念在中國遭到如此無情地扭曲，以至
於產生了影射史學。

　　毫無疑問，中國歷史學家反「影射史學」是發自眞心的。但是
只要作爲「影射史學」前提的基本意識形態未經檢驗，就恐怕不能
說取得了完全勝利。因爲「古爲今用」的觀念不充分釐清，就很容
易導致用過去比附現在的謬誤，而「影射史學」只不過是其表現形
式之一而已，雖然可能是最惡劣的一種。

　　「突破禁區」是中國史學領域裡另一個很有意義的新動向。在
此方面我們已看到，重新開展分期問題的討論已付出了較大的努
力。在我們回到美國以後，又有一些甚至有時令人驚訝的進展，它
們清楚地表明歷史研究中的禁區正被解除。例如，在近期的《中華
文史論叢》(1979年第10期)上，發表了已故胡適的有關《水經注》
的一小篇遺稿。這是一個進步，因爲這在「文革」中是不可能的，

27　David Hackett Fischer, *Historians' Fallacies: Toward a Logic of Historical Thought* (New York: Harper Torchbooks, 1970), p. 314.

甚至在1966年以前也是不可想像的。

但是,歷史研究中「突破禁區」的運動會面臨兩個直接的問題。一個是怎樣消除歷史學家頭腦中存在的疑慮,甚至是對可能產生的後果的擔心。對這「思想解放」的第一步,我所接觸過的所有學者都充滿熱情,但當他們進一步談到樂意去把握這一機會時,有些人無意中流露出內心的疑慮。雖然最近的報紙和刊物在不斷地勉勵知識分子要戰勝尚存的畏懼,勇敢地發表自己的意見,但是如果今天中國大多數史學家仍未準備破釜沉舟,我不會感到奇怪。在中國一個月的旅程中,我發現知識分子作為一個社會群體雖然在十年「文革」中受盡屈辱和迫害,但實際上早在1957年「百花齊放」運動突然轉向反右鬥爭時,他們的銳氣便已被消磨殆盡了。通向信任的橋梁還有待鋪設。

另一個更基本的問題是,儘管出現了「科學是沒有禁區的」的新口號[28],但如果以為中國的史學家現在可以自由地對馬克思主義思想體系的基本理論提出質疑,則不免顯得過於天真。正如中國古代分期問題的討論所充分顯示的,六種方案都是以馬克思主義進化論為基礎的。以我的偏見,它們根本不是六種不同的「花」,而只是同一種花開放在不同的時間裡。就這個專門的問題講,我甚至不敢確信馬克思是否是同一意義上的馬克思主義者,他是否會認為他的社會進化論是適用於所有歷史社會的普遍模式,畢竟他的理論是建立在研究西歐發展的基礎上的。1877年,當他的一個追隨者試圖將他的理論應用於俄國時,馬克思強烈反對這一做法。在〈答米開

28　柳樹滋,〈科學研究要敢於衝破禁區〉,《紅旗》1979年第3期,頁49-53。

洛夫斯基書〉中，馬克思以這樣的言辭談到這位狂熱的追隨者：
「他一定要把我關於西歐資本主義起源的歷史概述徹底變成一般發
展道路的歷史哲學理論，一切民族，不管他們所處的歷史環境如
何，都注定要走這條道路……但是我要請他原諒(他這樣做給我過
多的榮譽，同時也給我過多的羞辱)。」[29]人們不禁要懷疑，如果
馬克思能活著看到人們正以各種方式把他的理論應用於中國歷史
中，不知他將作何反響。

　　10月19日，在北京大學與中國史學家會見時，長春會議分期的
問題也成了我們的話題。給我們留下深刻印象的是，只要以馬克思
主義原理為基礎，中國的史學家便可以自由地提出任何分期的方
案。好像馬克思主義原理已成為懷特海(A. N. Whitehead)所說的存
於每個時代哲學裡的「基本設想」，它「似乎很平淡無奇，以至於
人們不知道在用它，因為他們從未考慮採用其他的方式」[30]。當
然，根本的不同是在於：懷特海所謂的「基本設想」是被一個時代
的人們無意識地接受的，而馬克思主義原理則是中國史學家有意識
地接受的。在史學領域「突破禁區」的運動中，恐怕是不可能超出
馬克思主義界線的。但這樣說並不是貶低這項運動的重要性。隨著
「文革」期間強加在學者身上的所有束縛的解除，中國歷史研究將
很快回復到1950年代後期和1960年代初所達到的高水平。除了它的
理論局限，「突破禁區」的運動已使歷史學家對史實進行客觀分析
成為可能，不用再擔心會犯政治錯誤。

29　K. Marx & F. Engels, *Basic Writings on Politics and Philosophy*, Lewis S. Feuer ed.（New York: Doubleday, 1959）, pp. 440-441.

30　Alfred North Whitehead, *Science and the Modern World*(New York: Free Press, paperback ed., 1967）, p. 48.

　　最後，作爲文章的結束，我想談談中國歷史研究領域人才嚴重短缺的問題。「文革」前最活躍的那些史學家不是已經去世，就是已七八十歲高齡了，而且一般來說身體很差。除了極個別外，他們不再可能有多少新的研究。確實也還有年輕一點的一流學者，年齡從四十、五十到六十歲。但似乎他們的人數有限，而面對的任務卻是巨大的，因爲最近考古學家發現了大量的文書。「文革」使大學教育中斷了十多年，受過良好教育的青年史學家在當今中國可謂鳳毛麟角。最近一些大學和研究所才開始培養研究生，新一代史學工作者的產生至少需要五年時間。而且北京一位資深的歷史學家告訴我，如今天賦較高的青年男女一般都被吸引去搞自然科學而不是社會科學和人文學科。當然，這在世界範圍內都是極普遍的現象，但這無疑將使中國解決歷史研究領域的人才問題變得更加困難。

　　本文是據"Chinese History at the Crossroads," in Ying-Shih Yu, ed., *Early Chinese History in the People's Republic of China, The Report of the Han Dynasty Studies Delegation October-November 1978* (Seattle: School of International Studies, University of Washington, 1981), pp. 3-18譯出。

活動和討論日記
(1981年)

10月15日，星期日，成田

代表團全體成員在東京成田國際機場的王子飯店集合。

飯後我們開了一個短會，重溫了旅行路線，並各自準備對原要求可能被我們的主人修改時進行協商。每個人都急切地想去敦煌，不僅因為它是著名的佛教藝術寶窟，也因為它在漢代擴張中的重要戰略地位。最後我們一致同意，如果我們不得不放棄一些地方，那麼將放棄南京、昆明和濟寧。我們討論了與漢代研究各個領域的中國學者單獨接觸的問題。

10月16日，星期一，成田─北京

我們剛過中午就離開成田，下午3:40準時到達北京機場。主要由我們的邀請單位中國社會科學院組成的歡迎組在機場迎接我們。成員包括社科院書記劉仰僑先生，外事辦主任唐愷先生，歷史所副所長尹達先生，考古所副所長王仲殊先生，世界宗教所翻譯吳運貴先生，歷史所副所長林甘泉先生，外事辦工作人員金至洪先生，外事辦翻譯王黎明先生和中國旅行社翻譯薛煥輝女士。最後四人將全程陪同我們。在機場迎接的還有文物保護局分管對外關係的負責人

郭勞爲先生，以及代表團成員羅伊(David T. Roy)的兄弟、主管此
事的美國駐北京聯絡處副主任羅伊(Stapleton Roy)先生。

　　未經嚴格的海關和入境檢查，我們馬上被領進接待室。簡要地
相互介紹後，我們乘坐六輛中國製造的上海牌轎車駛往北京飯店，
入住八樓東面的房間裡。房間很不夠，所以除了代表團團長(余英
時)和唯一的女成員布格(Patricia Berger)外，其他人均兩人一間。
安頓下來後，東道主和我們開了個會，商量旅行路線，我們欣喜地
得知，除了濟寧外，其他要求都得到批准。東道主認爲我們的行程
已非常緊湊，濟寧又不在主要的航空線上，並且在它附近我們想去
參觀的歷史景點曲阜孔廟仍在維修，所以有必要取消濟寧。我們的
東道主非常客氣地說：「濟寧留待下次吧。」他講得很有道理。事
實上，能去敦煌的消息已使我們沉浸在狂喜之中，濟寧取消已無暇
顧及。我們事先並沒有意識到那時敦煌尚未正式向外國參觀團開
放。包括在蘭州等飛機，我們在那裡前後至少待了一個星期。

　　才到北京，我們已開始感受到真誠的熱情，東道主中國社科院
全心全意要讓她的第一個美國代表團在中國的訪問取得圓滿成功。

10月17日，星期二，北京

　　早上我們參觀中國歷史博物館。這是一座宏大的建築，位於天
安門廣場東側。建於1959年，是慶祝中華人民共和國十周年的十大
建築之一。廣場西面的人民大會堂正對著博物館，也是十大建築之
一。博物館大致平分爲通史和黨史兩部分。每部分有二百多職工，
有各自的展覽部、保管部和研究部。博物館星期二至星期天開放，
每天開放時間是8:30到5:30。據說平均每天有二三千人參觀。門票
爲五分，團體參觀可以免費。

博物館副館長陳喬先生，通史展覽辦公室副主任任常泰先生，群眾事務辦公室講解組組長齊吉祥先生會見了我們。齊先生為我們介紹了博物館，接著他和他的同事帶我們參觀了整個展覽。

博物館的基本宗旨是普及群眾的歷史知識。展覽採用馬克思主義的進化模式，將中國歷史分為原始社會、奴隸社會和封建社會幾個階段。展覽是出色的，展品也是頂尖級別的，比如青銅器、早期書寫遺迹、農具、武器、墳墓中的雕像、石刻、漆器等等。因為是綜合展覽，偶爾會發現一些有特別意義的複製品夾在原件中。因此參觀者必須看標籤，並邊走邊問。博物館也擁有特權從地方博物館借調展品，特別是最新發現的。例如正在展出的展品中，有從秦始皇(前221-前210在位)墓附近出土的實物般大小的兵馬俑，有來自咸陽楊家灣的一組墓畫，有來自馬王堆的織品和漆器，有來自山東臨沂的竹簡，有出土於西安灞橋、西元前206年至西元8年之間的西漢紙張。一個有趣的特點是，適當地用加以標識的歷史文獻來充實展覽，為某些發現提供文字證據。東漢石刻版印也被用於說明工具的使用方法。

總的來說，展覽代表了中國考古學的最新成就。然而，中國的思想世界沒能反映在展覽中。我們中的一些人不久就注意到孔子仍被當作反面人物和首要反動分子，雖然加在他身上的罪名已被取消。中國近期出版的期刊、報紙，孔子被重新評價，甚至恢復了對他的一些肯定。

我們最後匆忙瀏覽了一個有關磁州陶瓷器的專門展覽。磁州位於河北省邯鄲地區。在宋代，磁州陶瓷很有名，並代表著北方的傳統。部分展品是從私人那兒借來的，其中包括屬於上海秦先生的幾件陶瓷器。

下午我們參觀了考古所。考古所坐落在一個漂亮的院內，院裡有花園，有假山。我們受到所長兼《考古學報》主編夏鼐博士和他的同事的接待。我們被帶到接待室進行討論。出席會議的考古所成員有：副所長王仲殊先生，第一研究室主任、《考古》雜志主編安志敏先生，第一研究室副主任石興邦先生和佟桂沉先生，第三研究室主任蘇秉琦先生，第三研究室副主任徐蘋芳先生，編輯室主任盧兆蔭先生，編輯室副主任黃展岳先生，資料員王世民先生，秘書張子民先生，繪圖員張廣立先生。研究所分為三個研究室：第一研究室專攻新石器時代，第二研究室專攻夏、商、周，第三研究室專攻漢至唐。它的三個田間站分別在安陽、洛陽和西安。

夏鼐博士為我們概括介紹了中國的考古學，其他考古學家作了一些補充。會議在相互提問和回答中結束。會後我們被帶去參觀工作中的小型考古博物館、化學實驗室、碳14實驗室。我們離開前照了幾張相。

從考古所出來，我們直接去了美國聯絡處主任伍德考克（Leonard Woodcock）的官邸。因為伍德考克先生正在美國，羅伊（Stapleton Roy）先生代行其職，他和妻子主持了招待會，聯絡處的幾個工作人員和一些中國客人參加了招待會，中國客人有劉仰僑先生和夏鼐先生。

晚上，我們被帶去看天橋劇院的歌舞表演。

10月18日，星期三，北京

整天時間和雲夢竹簡研究小組、馬王堆帛書研究小組以及臨沂漢簡研究小組進行討論。

早上，我們和研究小組開了一個討論會，討論1975年12月湖北

省雲夢睡虎地出土的竹簡。會議由尹達擔任主席。中方與會者包括歷史所研究室主任張政烺,歷史所研究室副主任李學勤,歷史所研究員Chang Chieh-fu,四川博物館研究員于豪亮,法學所研究員高恆、劉海年,以及近代史所研究員瞿同祖。

從1975年末到1976年初,在睡虎地同時發掘了十二個秦墓,時間從戰國晚期(前403-前221)到秦統一(前221)。在十二個墓中,11號墓裡出土了1,100餘支竹簡[1]。其餘的除4號墓外,都沒有保留文字材料。4號墓裡發現的兩支竹簡被確定為駐守淮陽的兩名軍官之間的通信[2]。11號墓的竹簡是和墓主一起埋入棺內的。根據已公布的初步報告,這些竹簡分為六類:

1.西元前227年,南指揮部一位名叫騰的管理者發出的一封官方文書。

2.西元前306-前217年間的一份大事編年記。[3]

3.有關秦代法律的三份文件。

4.秦的判決案例。

5.一本官方手冊,現名為《為吏之道》。

6.占卜文。

11號墓主被確定為叫喜,姓氏不可考。根據中國方面的估計,他可能死於西元前217年,死時46歲。除了第6種,全部竹簡都已發表於《文物》[4]。

1　見《文物》1976年第6期,頁1-10。

2　《文物》1976年第9期,頁51-61

3　這個編年記,雖然很簡略,但將它和《史記》對照,則極有價值。見黃盛璋,〈雲夢秦簡編年記初步研究〉,《考古學報》1977年第1期,頁1-22。

4　《文物》1976年第6期,頁11-14;1976年第7期,頁1-10;1976年第8期,

在上午的會上，李學勤先生對雲夢簡作了一個清楚的說明，基本上與發表的材料一致。但披露了某些有趣的細節。首先，法律文件已被重新分類如下：

1.秦律提要涉及財政、稅收、地制、產業等。

2.秦行政法規中的專章，如〈效〉，涉及檢查官府的貨物和供應，如檢查糧食供應。

3.從秦律中抽出來的各種注釋，涉及勞役和兵役。

4.有關刑罰條例的問答，諸如偷盜和殺人，有時有詳細的解釋。

因此，現在的四分法取代了最初的三分法。其次，李學勤沒有提到原先司法判決的第4類。取而代之，李學勤介紹了「封診式」這一新種類，它由秦法律文件的兩種形式「封」（密封的報告）與「診」（檢查報告）組成[5]。再次，在占卜文中，發現了一份秦楚對照的日曆表。兩國所用月份的名稱也被給出。最後，竹簡的準確數是1,157支，加上80支殘損的竹簡。

李學勤也報告了雲夢簡的兩種注釋版本已準備出版。普及本(不包括占卜文)已在印刷中，精裝全本包括占卜文和插圖，也將在1979年以後出版。

下午，遊覽了琉璃廠商業區，那裡遍布以傳統藝術和藝術家聞名的商店。在那裡，我們遇見了馬王堆帛書和臨沂漢簡研究組的成員，包括張政烺先生、李學勤先生，故宮博物院的顧鐵符先生，北京大學的朱德熙先生、裘錫圭先生，以及歷史所的馬雍先生。美國

(續)───────────────

頁27-37。

5　這可能指那些通常以「爰書」開頭的法律文件，見《文物》1976年第8期，頁34-37。

方面，柏克萊加州大學的杜維明先生加入我們的行列，此時他正隨美國海洋學代表團來到北京。

顧鐵符先生概括介紹了馬王堆帛書，其他學者作了補充，如李學勤談了醫書，馬雍談了史書。這些介紹在很大程度上補充了先前出版的有關帛書的報導 [6]。為了說明中國學者所作評述的重要性，有必要介紹每種被討論的文獻的歷史背景。其中，《老子》、《經法》的手稿很有名，不必再提了。

1.《易經》。據我們所知，帛書《易經》與現在的版本有相當的差異。例如，六十四卦沒有被分成兩部分，而且它們的排列也完全不同。〈繫辭〉也是不分的一個部分。而且，傳部分的〈象辭〉、〈象辭〉和〈文言〉全都沒有，而在現行的版本中這些注釋都加上了圖解。就此而言，帛書更接近熹平年間(172-177)的石刻本。此本以漢初田何所傳為基礎。更重要的是發現了《易說》，除了少量合入現行版本的〈繫辭〉外，其餘的已散佚了二千多年。最初的報告說，《易說》由三章組成，第一章標題為〈要〉，第三章標題為〈昭力〉（一個人的名字），此章最長，共6,000字。貫穿《易說》的是孔子與弟子(比如子貢)的問答，或《易經》傳播者與昭力、繆和、呂昌，以及其他不確定者的問答。現在，根據顧先生的報告，《易說》分為三部分可能是錯誤的，它實際上是由十幾個小部分組成。顧先生也將《易說》稱為《二三子問》。由於原文不能拿來驗證，在馬王堆全部資料的最後版本出版前，不可能對此難題下結論。

2.《樂正子》。在帛書《老子甲》的末尾，我們發現了一長段

6　見《文物》1974年第9期，頁40-44；《考古》1975年第10期，頁48-55。

儒家文獻（約5,400字），它被分成十七個部分[7]。原文包括兩部分，「經」和「說」或者「解」。「經」的部分是完整的。「說」的部分帛書腐爛程度很大。《樂正子》暫定爲戰國作品，帛書抄寫於前207—前195年間。可能因爲當時流行的批孔氛圍，原文雖被發現和謄寫，但未獲當初帛書《老子乙》中發現黃老四篇時的那種關注。迄今爲止，只發表了一篇與此有關的論文[8]。顧先生告訴我們，這段儒家文獻最初被認爲是世子或子思早已散佚的作品中的一部分，兩者都列於《漢書·藝文志》。

但顧先生歸納說，對於原文的最後處理，學者們現在已達成一致，即把它和《樂正子》視爲一部書。這很有意義。在《韓非子·顯學》裡，樂正子被作爲儒家八派的創始人之一而提到，但他的確認一直是個問題。傳統上，學者們傾向於將樂正子和孔子或曾參的學生樂正子春視爲一人。郭沫若則提出樂正子和孟子的弟子樂正克是同一個人（《十批判書》，第3章）。還有，據《荀子·非十二子》，荀子和孟子發展了儒家的五行理論。但荀子（大約前300-前237）並沒有透露有關這個理論本身的任何事。幾個世紀以來，注釋者對這一論述都感到迷惑不解。一些人將孟子的五行和五常視爲一回事（五常即仁、義、禮、智、信），但證據不能令人信服。《樂正子》爲這個舊問題提供了一些新視野，因爲在許多方面，在觀念和語言上，它與孟子的作品都相同，很明顯它是思孟學派在後世的發展。根據這段新發現的原文，我們有理由確信，孟子的五行理論最初由仁、義、禮、智、聖構成。在孟子原文（〈盡心下〉）的一個關

7　見《馬王堆帛書》，第1冊（文物出版社，1974年9月）。
8　見龐樸，〈馬王堆帛書解開了思孟五行說之謎——帛書《老子》甲本卷後古佚書之一的初步研究〉，《文物》1977年第10期，頁63-69。

鍵段落中,「聖人」一詞未得到很好的解釋,現在可以讀爲
「聖」。從朱熹(1130-1200)起就一直困擾著學者的這個「人」
字,極有可能是由漢代的注釋者竄入的。《樂正子》代表了孟子的
五行傳統,這沒有太多疑問。只是中國學者主要根據郭沫若的解
釋,將它的作者定爲樂正高,卻沒有來自帛書的足夠內證[9]。

　　3.《五星占》。最初約6,000字的占星學無題論文,現在被命名
爲《五星占》。論文有一個大事年表形式的附錄,時間始於秦始皇
當秦王時(前246),止於漢文帝三年(前177)。可能是基於實際的觀
測,表裡記錄了木星、土星、金星三顆行星位置變化的情況[10]。西
元前370年到西元前270年這一個世紀裡,出現了甘德《天文占星》
和石申《天文》這兩部重要的占星學著作,但它們已散佚了很久,
只有一些片斷被後世作品引用。帛書中的一些段落幾乎與甘德著作
中的一些片斷完全一致。而且,甘德據記載是楚地人,因此帛書很
可能遵循甘德占星學的傳統[11]。顧先生的報告使我們注意到一個有
趣的事實,即在大事年表裡秦二世政權的年號沒有出現,取而代之
的是陳涉張楚政權的稱號。事實上,這一點自從它被發現以來一直
受到中國學者的重視。此發現首次證實了張楚確實被陳涉用爲政權
的稱號,在他起義後,隨即在楚地建立了此政權。一些學者持相反

9　後來我們知道,唐蘭先生也主張這樣解釋。但是,根據島森哲男的最近
　　研究,這一儒家文獻在衍生出《中庸》的過程中,也受到荀子的影響。
　　島森哲男由此認爲它是荀子訪問齊國後由當地學者寫成的。見〈馬王堆
　　出土儒家古佚書考〉,《東方學》第56期,1978年7月,頁17-36。
10　另外兩顆水星和火星沒有記錄在內。大事年表發表在《文物》1974年第
　　11期,頁37-39。
11　見劉雲友,〈中國天文史上的一個重要發現——馬王堆漢墓帛書中的
　　《五行占》〉,《文物》1974年第11期,頁28-30。

的看法，如張舜徽認爲張楚並不是一個稱號[12]。然而很難判斷大事年表中的這個稱號在什麼範圍內被接受、被認爲有政治意義。因爲陳涉起義發生在秦二世執政的元年(前209)，而大事年表是基於楚地對行星活動的觀測，很可能事件記錄時，占星家們實際上是在張楚統治下工作的。

4.《天文氣象雜占》。這是另外一部關於占星的帛書。帛書發現時裂成幾十塊。和同一墓穴中發現的帛書《刑德》一樣，這本書被歸入陰陽兵家類，即軍事思想裡的陰陽學派。書中有圖約二百五十幅。可能也是由於「文化大革命」意識形態的問題，這一文獻和其他陰陽五行方面的仍未出版。顧先生自己在做其他工作的同時，也研究這本占星書。他在最近的《文物》上[13]，對此書作了一個概述。論文將這本書中的星象主要分爲四類：(1)雲；(2)氣，包括蜃景、光環和虹；(3)星；(4)彗星。在席澤宗先生的初步研究中，二十九幅彗星圖的科學價值得到強調[14]。以內證爲基礎，顧、席兩人認爲這本書是楚地的作品，出現的時間可能是戰國晚期。如是眞的話，可以把它當作楚國對自然現象特別有興趣的又一個證據。在《楚辭‧天問》和其他戰國時代的資料裡，這種興趣有所表現。

5.《相馬經》。這一有關相馬的帛書約有5,200字，起初無標題。現暫名爲《相馬經》，發表於《文物》1977年第8期[15]。帛書中存在一些抄寫錯誤，而且由於原文約有500字受損，其中三分之二不能復原。解釋工作初步進行。例如，謝成俠的論文〈關於馬王

12　見《中國古代史籍校讀法》(北京：中華書局，1962)，頁233-234。

13　見《文物》1978年第2期，頁1-4。

14　見〈馬王堆帛書中的彗星圖〉，《文物》1978年第2期，頁5-9。

15　《文物》1977年第8期，頁17-22。

堆漢墓帛書《相馬經》的探討〉認為，帛書提到伯樂這位古代中國
最著名的相馬專家[16]。但馬王堆帛書研究組整理出版的帛書未發現
伯樂的名字。顯然，謝對帛書的解讀有所不同。如果謝是正確的
話，那麼會有一個問題：帛書與《隋書‧經籍志》中歸於伯樂名下
的《相馬經》是否有某種關係？《相馬經》出版後，研究組對原稿
的解讀也一定作了修改，因為顧先生告訴我們，原文不是單部作
品，而是有三個獨立的部分：一篇論文，一篇注釋和第二篇論文。
無論如何，此帛書是迄今為止這一學科最早的文獻，比賈思勰《齊
民要術》中有關相馬的論述早六個多世紀。

6.醫書。李學勤先生報告了馬王堆三號墓出土的醫學著作，其
中有四篇寫在竹簡和木簡上。李先生簡要探討了其中比較重要的幾
篇，研究組暫名為《足臂十一脈灸經》、《陰陽十一脈灸經》、
《脈法》、《陰陽脈死候》、《五十二病方》、《養生方》和《雜
療方》。值得注意的是，前五篇發表在《文物》1975年第6期[17]和
1975年第9期[18]。兩篇《灸經》涉及灸術「脈」，《脈法》、《陰
陽脈死候》涉及診斷。最長的那篇醫學著作《五十二病方》，實際
上開列了270個藥方，治療52種傷病。以傷科開頭，特別談到金屬
造成的傷，這很符合主人的軍官職業。李先生也提到，和藥方在一
起的還有咒語。《養生方》由30個藥方組成，有目錄和單獨的標
記。按李先生的看法，藥酒在其中發揮著凸出的作用。似乎有理由
相信，這些以「養生」為目的的藥方與《導引圖》、《卻穀食氣》

16　《文物》1977年第8期，頁23。
17　《文物》1975年第6期，頁1-5。
18　《文物》1975年第9期，頁35-48。

等殘篇，都和漢代有關長生不死的仙人崇拜有著密切的聯繫[19]。最後，李先生提出一個有趣的問題：從《黃帝內經》起，十二脈的觀念已成為中醫學的理論基礎，為什麼在這些早期的醫書中，只給出了十一脈。李先生給出兩個解釋：首先，最初試圖用數字十一與「五臟六腑」的總數對應；其次，因為帛書比《黃帝內經》早，陰陽學派的影響還沒有大到可以要求六陰脈與六陽脈相配合。那個漏掉的脈，是手臂上的陰脈。

　　7.戰國縱橫家書。馬雍先生介紹了歷史文獻。有關戰國的文獻已出版兩次，首次是題為〈別本戰國策〉發表於《文物》[20]，接著以書的形式題為《戰國縱橫家書》出版（文物出版社，1976年）。馬先生說，研究組後來認為以「戰國策」為題易引起誤解，於是決定採用《戰國縱橫家書》這個新標題。這部著作共二十七章，材料幾乎與蘇秦的活動有關。第四章是蘇秦寫給燕王的信，這是最重要的一章。據此，《史記》和《戰國策》中的許多錯誤可以得到更正，蘇秦的政治生涯在歷史上的重要作用也由此可見。蘇秦是活動於齊國朝廷的燕國間諜。雖然他的真實身分暴露後被齊王處死，但他為西元前284年燕國聯合其他國家沉重打擊齊國鋪平了道路。第二十五章披露了西元前218年李園被楚國春申君逐驅後所發生的不為人知的事情。長期以來，有關春申君的歷史一直被懷疑，一些學者（西方主要是馬斯伯樂[Henri Maspero]）甚至認為他是一個編造出來的人物。隨著帛書的發現，可以說整個事情一下子就解決了。

　　8.《春秋事語》。這部帛書有十六章，受到一些損壞，特別是

19　見《文物》1975年第6期上有關《導引圖》和《卻穀食氣》的兩篇論文，頁6-15。

20　《文物》1975年第4期，頁14-26。

前半部[21]。書中所記錄的大多數歷史事件可以在《春秋三傳》中看到。有關燕國的第二章雖然很短，但披露了一些全新的東西。整個書證明了《左傳》作爲一部先秦歷史著作的眞實性，推翻了今文經學家(特別是康有爲)曾一度占統治地位的認爲《左傳》是劉歆爲了迎合王莽(9-23年在位)篡權而僞造的觀點。帛書中有一處(即第八章)與《穀梁傳》的內容和語言都非常接近[22]。

從馬王堆出土的地圖、圖畫和圖表中，我們也得知更多的細節。馬王堆共發現三幅地圖，其中只發表了兩幅[23]。第三幅遭損壞而不能復原，保存下來的僅是原圖的十分之一。它被認爲是一幅城防圖，圖上明顯地標示出了一處城門和一條護城河。北京的學者不打算出版這幅地圖的殘片，他們似乎不知道長沙的湖南省博物館正計畫做這件事，這是我們在後來的行程中了解到的。

在馬王堆的資料中，有許多示意圖在已發表的報告中未作描述。有一幅示意圖說明按照葬禮的等級，不同的親屬應穿不同的喪服。這幅示意圖基本上和《禮記・喪服》的敘述一致。最後是被定名爲《伊尹九主》的文獻，它以九幅肖像說明九類君主[24]。

裘錫圭先生報告了山東臨沂銀雀山兩個西漢墓出土的竹簡情況。這兩個墓發掘於1972年4月，出土了許多古代著作。其中最著名的是《孫臏兵法》(《齊孫子》)。部分原因是由於田野工作者沒有經驗，竹簡未得到很好的處理，許多裂成了小塊[25]。著作中沒有

21　見《文物》1977年第1期，頁32-35。
22　對於這部著作的概述，見張政烺的〈春秋事語解題〉，《文物》1975年第4期，頁36-39。
23　見《文物》1975年第2期，頁35-48；1976年第1期，頁18-22。
24　見《文物》1974年第11期，頁21-27。
25　見羅福頤，〈臨沂漢簡概述〉，《文物》1974年第2期，頁32-35。

一部有書名，但章節的標題可在《吳孫子》中發現。通過與現存書籍和文獻目錄比勘，檢查竹簡的內容，完成了所有的鑒定工作。借助二號墓出土的西元前134年的日期，將兩個墓的時間定爲漢武帝早期(前141-前87)。

裘先生將銀雀山出土的古代著作分爲三類：

1.流傳於後世的著作，如《晏子》、《尉繚子》、《六韜》和《逸周書》的一章〈王佩〉。

2.沒有流傳，但早期文獻目錄(特別是《漢書‧藝文志》)中有的著作，包括《齊孫子》和《地典》(地典是一個人名，可能是傳說中黃帝宮廷裡七輔佐之一)。

3.沒有流傳，也沒有記錄的著作。

這種分類想必未被很快接受，因爲交叉的情況確實存在。如《吳孫子》中有的章節沒有被流傳和記錄，而《六韜》流傳下來的文本不如所發現的版本完整。

三類著作也許能被進一步分爲四類：

1.軍事論文；

2.政治論文，如《守法》和《守令》；

3.陰陽和占卜書；

4.其餘文獻，包括《相狗方》、《造醬法》、〈唐勒賦〉(可能是宋玉的賦)。

涉及土地制度(《田法》)、市場制度(《市法》)和倉庫制度(《庫法》)的各種先秦法律也引起我們的注意。我們進一步得知田法是總括性的，田法中特別提到爰田(或轅田)制度，這是一個令人興奮的消息。因爲對於制度史學家來說，「爰田」長期是個謎。根據《漢書‧地理志》記載，西元前4世紀時商君將轅田制度引入秦

國。據注釋者認爲,這個制度和〈食貨志〉中的「易田」是同一個
制度。也就是說,當人們從政府那裡獲得等級較差的土地時,他們
能得到額外的土地分配,以便每年交替耕種,讓部分土地休耕。但
這個詞也出現在更早的材料裡,如《左傳》中的意思就有所不同。
銀雀山的全部竹簡即將出版,我們希望竹簡的出版能對這個問題做
出新的解釋。

根據裘先生和研究組其他成員的意見,銀雀山的發現也爲研究
先秦著作的文獻演變提供了最有可能的線索。例如,竹簡中包括
「兵令」的六章,與現行版本的《尉繚子》一致。然而,「兵令」
一章在捆綁方式和書法上與其他五章明顯不同,所以它不可能是
《尉繚子》最早的部分[26]。另一方面,「兵令」似乎從屬於一部最
初包括「守令」和「守法」章節的著作。但「守令」、「守法」兩
章又與《墨子》中有關城市防禦的部分章節相同。有關先秦著作的
文獻關係的整個問題由此全面揭開。另一個有趣的例子是,《王
兵》與《管子》的部分段落相同[27]。正如研究組幾個成員向我們解
釋的,《王兵》和《管子》出自一個共同的資料來源,或者《王
兵》是部分《管子》文獻的祖本。

臨沂簡也能促使我們這些現代的激進懷疑者更正對現存古書眞
實性的懷疑。《尉繚子》、《六韜》和《管子》的許多部分都被現
代學者當作秦以後的僞作而棄置一旁。因爲從劉邦到劉徹,沒有一
個西漢皇帝的名字出現在這些竹簡上,故有理由推測這些文本在漢
代建立前就已被抄寫[28]。換言之,它們不可能被解釋爲秦以後的作

26　見《文物》1977年第2期、第3期。
27　見《文物》1976年第6期。
28　見何法周,〈尉繚子初探〉,《文物》1977年第2期,頁28-34。

品。

最後，研究小組稍微修正了關於孫臏文獻的看法。文獻的第二部分現在被認為是一部散佚已久的軍事思想著作，而不是《孫臏兵法》的一個組成部分。

會議在下午5:00結束。從知識上講，這是我們在中國一個月行程中最使人興奮、最有收穫的一天。整個討論中，沒有一句無關的空話。雖然發言的相當部分可以從已發表的報告中見到，但這仍然是一種完全不同的經歷，由此我們了解到中國一流學者從這些新出土的文獻中所得到的發現。我們代表團的一位成員恰如其分地評價道：「就像是親臨現場一樣。」

晚上，中國社科院在北京飯店設宴款待代表團，宴會由副院長于光遠先生主持。來賓中有社科院的劉仰僑、唐愷、夏鼐、王仲殊、尹達和林甘泉，美國聯絡處的羅伊夫婦也應邀參加。

10月19日，星期四，北京

早上我們訪問北京大學。北京大學坐落於前燕京大學的美麗校址。我們首先與行政人員和教師們開了一個會。北京大學出席會議的有校長辦公室負責人倪孟雄先生，外事辦的趙恩普先生、李音九（音譯）先生，西語系教授朱光潛先生，中文系教授王力先生和陰法魯先生，中文系講師周強先生，歷史系講師張傳璽先生和俞偉超先生，哲學系教授張岱年先生等。趙恩普先生報告了學校的院系構成和近期任務。

大會之後，我們根據學科分為小組。比倫斯坦（Hans Bielenstein）、張光直、杜爾（Jack Dull）、黎格（Jeffrey Riegel）和余英時到歷史組，布德（Derk Bodde）、梅僑（John Major）到哲學組。

代表團裡唯一的藝術史家布格(Patricia Berger)與專攻美學的朱光潛教授交談。

歷史系有中國史、世界史、歐洲史、亞洲史和非洲史方向。中國史又細分爲鴉片戰爭以前的古代史，鴉片戰爭到1949年的近代史，1949年到現在的當代史。系裡有120名教職員工和300個學生。古代漢語是中國史專業的必修課。學生必須在頭兩年半裡學習中國通史和世界通史，在後一年半裡專攻古代史、近代史和當代史。就古代史而言，進一步開設的專業選修課有商周、秦漢、南北朝、隋唐等等。目前不要求高年級學生寫論文。在討論中，提問和回答都是一般性的。

在哲學系，四年制的最後兩年，學生用於專業學習。新的教學用書正在準備中，很快就會出版。原始資料將盡可能地用於學習中，中國哲學的選修課也將增多。在漢代的哲學研究中，重點放在了諸如王充的《論衡》和《鹽鐵論》等著作上，因爲它們被解釋爲「唯物主義的」或「思想進步的」。董仲舒和《淮南子》儘管在歷史上有著重要的地位，但或多或少地受到忽視。儒法間的界線，現在認爲是過於強調了，因爲「四人幫」已倒台。有象表明，中國哲學史上的重要人物，如孔子、孟子、莊子、董仲舒和朱熹等人將受到更多關注，而不管他們「反動」的哲學立場。一個全國性的關於孔子和儒家的會議，正計畫在孔子出生地的附近的山東濟南召開。布德對馮友蘭沒來感到非常失望。自從代表團組建以來，馮友蘭就是他最想見的人。儘管我們反覆請求，但馮從未露面。可能因爲他被指控捲入了江青的政治集團。在代表團結束行程回到北京後，曾第二次試圖見他，但也失敗了。

在中國文學組，法蘭克(Hans Frankel)與陰法魯教授談及中國

音樂及其與文學的關係的問題，這恰好是陰的專長。羅伊（David Roy）與王力教授探討了中國語言學及其他相關事情。

布格與81歲的朱光潛教授討論了藝術在中國的境遇。無論是藝術還是藝術理論的課程，北京大學都未開設，但在北京專門培養藝術家的院校裡卻開設了。事實上，從1949年起，通常對藝術和藝術理論的研究，特別是對西方藝術的研究，嚴重忽視，甚至被迴避。迄今為止，重點一直放在民間藝術上。而在其他領域，有變化的象。例如一本新的學術期刊《藝學叢刊》將涉及美學問題（應注意到在最近一期的《復旦大學學報》上，有一篇題為〈論共同美〉的美學論文，這甚至在「文化大革命」前也是不能接受的）。因此，朱保持著適度的樂觀，他認為中國藝術會在「十五年左右」得到復甦。

在「文化大革命」中，朱和中國許多教授一樣，遭受了極大的痛苦。在北京大學，一些系的領導和教授被關押。朱在七十歲時，被拘禁了三個月。在他們放出來後，他和其他倔強的學者被隔離在校園裡一個無法接近書的地方，安排他們根據命令寫東西。如此苛刻地對待他，完全不顧他明顯糟糕的身體，但這些都未曾使他氣餒，他繼續在自己的領域裡從事西方美學理論、詩學和詩歌的研究。最近他完成了對黑格爾《美學》的翻譯，不久將投身於一個巨大的項目中去，即在適宜的時候重新將莎士比亞的戲劇翻譯成詩歌。戲劇翻譯時要想到舞臺，因為它們將來要上演。這個項目將由集體完成，他們對中英文詩歌和舞臺知識有同樣出色的駕馭能力。朱繼續保持著對西方詩歌的興趣，他最近閱讀了一些發表在《世界文學》上的翻譯作品，並渴望知道美國最近的詩人有哪些。他所謂的「最近」也許是自1949年以後。

　　我們最後去了圖書館。圖書館是一座1950年代早期的建築。我們被告知，館內藏書超過3,100,000冊，包括期刊。我們穿過書架，在閱覽室作了短暫停留。我們中的一個成員快速翻閱了書架上有關漢代的書籍，只見到1950年後的出版物，較早的著作也許收藏在別處。

　　下午，我們參觀了著名的北京圖書館。代表團受到副館長譚祥金先生、善本書庫主任李致忠先生的接待。館內藏書共約有9,700,000冊，其中2,000,000冊是線裝書。現有館舍太小，有許多書收藏在北京其他地方。約百分之六十是中文書籍，其餘的外文書超過60個語種，但大多數是英、日、俄、德、法和西班牙文。館內有10,000多種期刊，百分之七十以上是科學和技術類。圖書館不向一般人開放，而且只有指定的知名人士才能借閱。館內大約有700名職工。在我們參觀即將結束的時候，他們向我們展示了善本書庫裡很多的珍貴書籍。其中包括西元440年的敦煌佛教稿本一卷；一件北宋早期的印刷品；《永樂大典》(永樂皇帝[1403-1425]時代的百科全書)中的一冊；《四庫全書》中的《漢書》；《鹽鐵論》的珍本；明代爲皇子製作的一本華美的故事手稿，書裡配以手繪的微縮插圖，非常精美，色彩十分鮮艷，眞是棒極了。作爲一個從事嚴肅研究工作的地方，我們覺得圖書館的條件仍需要改進。在回飯店的路上，我們在北海公園停留了一下。

　　晚上梅僑和到訪的天津大學陳國符教授談了大約一個小時。陳博士是中國研究道藏文獻中有關煉丹術的專家，他們探討了《抱朴子》的成書年代和內容，以及早期的有關煉丹術的其他文獻。陳博士詢問了美國學者對這方面材料的研究情況。

10月20日，星期五，北京

代表團整個上午都花在故宮博物院和紫禁城。我們從南邊的午門進入紫禁城，穿過乾清門，直抵最北邊。建築、宮廷和甬道仍給人十分難忘的印象。最近對一些地方進行了修復，因此它們或許保持著舊日皇家的風采。但有些地方情況惡化，已開始顯出衰敗的樣子。在北面(皇宮裡的住宅區)，我們看到青銅器、人工製品以及陶瓷的展覽。陶瓷展中，展出的範圍從新石器時代繪有圖畫的陶器延伸到唐代的瓷器。

我們最後參觀了一套重要的房屋，那裡有慈禧太后的私人戲臺，她經常在此觀看演出。在那裡我們被招待喝茶，並有機會與唐蘭談了半個小時。唐蘭是中國一流的古文字學家和金石學家，他又是博物院裡的資深研究員。唐蘭先生大約八十歲了，身體虛弱。我們被告知，他最近遭受了一次輕微的中風，那是1978年初他隨一個中國考古展訪問香港回來後發生的事。他已很長時間沒有接待來訪者了。我們同唐先生廣泛地交換了意見，從山東大汶口談到馬王堆帛書。在學術方面，唐和其他一些資深學者(如後來的徐炳昶)一樣，反對「疑古運動」。「疑古運動」是傑出的歷史學家顧頡剛在二三十年代領導的中國史學界的一場運動。事後評價「疑古運動」，它的工作顯然做得太過火。最近在西漢墓裡發現的大量先秦文獻已說明歷史懷疑主義者的過激。在1930年代，這個運動波及中國考古學。但考古學就如一柄雙刃劍，到了1950年代，徐炳昶、蒙文通、唐蘭等學者開始用考古學將中國的歷史推進到商朝之前。

現在許多中國考古學家認為二里頭遺址曾是夏朝的首都。唐蘭甚至很有雄心，想要將中國歷史推進到黃帝時代(傳統上的西元前

2697年)。他的考古學證據是山東大汶口文化，特別是陶器上的標記或符號，通過對照甲骨文和金文，他相信那就是中國文字較早的形式。他從各種早期材料中深入尋找古代傳說和神話的原文證據，他認為大汶口文化就是少昊(或少皞)歷史階段的文化，這一階段大致與黃帝同時代。在此，唐蘭不再按傳統把少皞解釋為一個人的名字，而是按照《山海經》把它當作商朝以前的一個國家的名字[29]。唐有關大汶口文化的觀點最近在中國考古學家中引起較大的爭論[30]。他的理論是否令人信服或甚至能否被人接受是另一回事；重要的是，面對疑古的挑戰，像唐、徐這樣的學者將早期中國文獻材料的分析提高到一個新高度，對文獻材料的分析更為圓熟，因此也顯示了所可能涉及的材料的巨大複雜性。

有關馬王堆帛書，唐論證了孟子學派《五行》原文來自於《樂正子》的理論，然而，在一個特定的點上，他似乎改變了較早的觀點。他繼續將黃老帛書當成《黃帝四經》，但他現在說它可能寫於西元前300年左右，比他在較早的研究中給出的時間晚了一個世紀[31]。龍晦支持唐的觀點，並進一步指出，通過研究文本的韻律，可以推測它可能出自一個楚地學者之手[32]。

令人遺憾的是，唐先生於1979年2月中旬逝世。我們確實非常幸運，能有最後的機會向這位令人尊敬的學者學習。

---

29 見唐的論文〈中國有六千多年的文明史〉，《〈大公報〉在港復刊三十周年紀念文集》(香港，1978)，頁23-58。

30 《考古》1979年第1期，頁33-36。

31 〈馬王堆出土老子乙本卷前古佚書的研究——並論其與漢初儒法鬥爭的關係〉，最初發表於《考古學報》1975年第1期，頁7-38；再版於《經法》(北京，1976)。

32 《考古學報》1975年第2期，頁23-31。

會議快結束時，我們中的一個人間博物院的人明清檔案是否可以和外國學者見面。讓我們吃驚的是，百萬左右的檔案卷宗還未完全分類。因此，除非確切地知道要查找什麼，否則將很難有效地利用它們。

接待結束後，我們匆忙參觀了一個令人難忘的早期中國繪畫展。受時間的限制，我們僅看完元之前的部分，而完全略去了明清部分。

吃完午飯之後，幾個成員立即去了北京友誼商店。下午5:12，代表團乘火車連夜趕往洛陽。

10月21日，星期六，洛陽

我們在黑暗中到達洛陽，時間是凌晨6:00。以洛陽市文化局副局長蔣若是先生爲首的小規模接待組接待我們。在簡短的迎接儀式後，我們被送到洛陽友誼飯店，在那裡蔣先生簡要介紹了洛陽城和我們的行程路線。之後，我們整個上午都在洛陽市博物館裡。

博物館有九個展室，從「原始社會」開始，結束於唐宋時代。目前博物館裡保存了400,000件文物。據蔣先生介紹，原計畫建四幢建築，這幢完成於1975年，其他三幢仍未開工，據說是因爲「四人幫」的干擾。對於我們來說，幸運的是展覽的重點放在了漢代。博物館有兩個特別有趣的、凸出的特點。首先，雖然展覽以解說材料、地圖、照片和出土建築的模型（如二里頭的宮殿模型）作爲輔助，但展品都是原件（例如，展出的人工製品中沒有複製品）。其次，在許多情況下，幾組出土物品被放置在一起，因此人們可以自己在墓群中進行比較，並直觀地了解一個典型的墓的內容。在洛陽地區就出土了幾百個漢墓。其中225個燒溝墓非常重要，因此來自

燒溝的文物自然就成了博物館最具代表性的展品[33]。已知大約有七至八千個墳墓分布在洛陽附近。因此在此區域工作的考古學家對於墳墓的發掘已很有經驗。他們首次運用一種鑽孔法來判斷墳墓的布局、類型、時代和大小，由此收集起來的訊息用一個木質的標誌物標識出來放在墓地上。將來當時間和經費允許了，就可以決定哪一座墓值得全面挖掘。

博物館有大約六十個職工，四十多人與不同類型的考古工作有關。一些是中國史專業的大學畢業生(來自於北京大學、四川大學和北京師範大學)，一些是受過職業訓練的高中畢業生，也有攝影師和繪圖員以及野外作業的工人，工人通過感知表層粘土的土質確定地下墳墓的位置。蔣若是先生告訴我們，目前博物館正籌劃一個新的洛陽歷史展，展覽以舊文獻資料和新考古證據為基礎。

在此，應提到漢磚上所刻的「無任」(或「五任」)字樣。它用來標誌東漢刑徒埋葬的位置，在洛陽地區發現。洛陽博物館有一張大幅照片，拍攝了刑徒的葬身之地及記錄他們姓名、死亡日期、勞役期限等的磚石。兩種形式的無任在許多磚石上出現，再現了死亡的背景。博物館裡，解說的標籤提示「任」字的意思是「技能」。按照這個解釋，「無任」的意思「無技能」，而「五任」意思是「能」。應指出，這個解釋最初由張政烺先生發表在1958年的一篇論文裡[34]。後來，陳直、于豪亮提出兩種不同的看法。陳解釋「任」為「官職」，因此「無任」在漢代指違犯法律、被剝奪了官

33　見《洛陽燒溝墓》(科學出版社，1959)。

34　見〈秦漢刑徒的考古資料〉，《北京大學人文科學》1958年第3期，頁179-184。

職的官吏，他們被罰去做苦工[35]。于認為「任」可以和「保」互換，意思是「保證人」或「抵押品」[36]。為了說明他的觀點，他列舉了《管子》和《後漢書》中的注釋。在上述三個解釋中，陳的似乎最少說服力，而應得到更多注意的于的觀點，至今在中國還未得到關注。有趣的是，在西方，按照沈家本的解釋，白拉茲（Etienne Balazs）早在1954年就在《隋書·刑法志》的段落中將「無任」解釋為「無擔保人」[37]。白拉茲的解釋後來得到楊聯陞的支持，1964年楊在法蘭西大學發表的演講中談到了他的看法[38]。于的解釋特別吸引人之處在於他將《隋書·刑法志》中的段落的意思解釋為：對那些沒有「擔保人」的刑徒，為了防止他的逃跑，給戴上了腳鐐。這個解釋顯然講得通。而且1964年下半年在洛陽南郊，又有522個刑徒的墳墓被發掘出來，更多「無任」的題字被發現。按照1972年的報告[39]，幾乎毫無例外，「無任」的刑徒都被戴上了腳鐐。這些最近的發現增加了于說的分量。1972年的春天，在陝西咸陽縣漢景帝墓附近，發現了西漢刑徒的埋葬地。許多骨骼上都有枷和腳鐐，但沒有發現一塊刻字的磚[40]。

至於「五任」一詞，白拉茲和張政烺兩人都按照胡三省在《資治通鑑》中的注解，將它解釋為五種技術工，即木、金、革、彩、陶，而于豪亮則保持沉默，也許于的沉默使其他人在接受他關於

35 〈古器物文字叢考〉，《考古》1963年第2期，頁80-86。

36 〈居延漢簡校釋〉，《考古》1964年第3期，頁156-158。

37 *Le Traité juridique du "Souei-chou,"* p. 46-a，張和于都引用了這段。

38 *Les aspects économiques des travaux publics dans la chine impériale*（collège de France, 1964）, p. 24.

39 《考古》1972年第4期，頁1-17。

40 見《文物》1972年第7期，頁51-53。

「無任」的說法時猶豫不決,因為兩個「任」明顯不能有不同的解釋。然而,楊聯陞提出「無」字代表「伍」,五人一組承擔集體責任。於是「五任」的意思是一組五人需要一個擔保人(或者這個詞也許能寬鬆地用來指任何擔保人)。楊認為這個解釋不僅充分地為制度史所證實,而且最適合於上下文關係。楊的建議似乎也或多或少地被1964年的發現所證實。在八個已知的「五任」的例子中,特地注明了三個刑徒是代替他人的。另一方面,任何「無任」的例子中沒有發現代替的情況。代替者正是那些在刑期裡逃跑了的刑徒的擔保人,難道這不可能嗎[41]?有了楊對「五任」的重新解釋,于說變得更有說服力。實際上,胡三省對「五任」的注釋缺少堅實的文獻證據。他的五種技工的說法顯然從《周禮・考工記》中得來,而在《考工記》中所列是六種而不是五種。胡武斷地省去了一種(玉),顯然是由於他需要找到一個名單以和數字「五」對應[42]。然而,有些令人疑惑的是,這篇報告的作者不顧《考工記》和胡的注釋之間明顯的不符,仍同意後者的看法。此外,能否在同一條注釋中嚴格依照鄭玄對「無任」的解釋,也值得懷疑。

下午,我們跑了很遠去參觀白馬寺和洛陽東漢城牆遺迹。漢代洛陽城在現在洛陽城的東西,鄭州—洛陽的公路正好從舊城位置穿過。我們首先到白馬寺,那裡正在維修,還沒有正式開放。按照傳統的看法,白馬寺大約建於西元65年,它的名字與一個故事有關,傳說最早的佛經是由一匹白馬帶入洛陽的(也有另一個說法,講一匹白馬繞著寺院的佛塔跑)。但洛陽白馬寺的名字直到西元289年才

41 對代替的不同解釋,見吳榮曾,〈漢刑徒磚志雜釋〉,《考古》1977年第3期,特別是頁194。
42 見《考古》1972年第4期,頁13。

出現在佛教文獻中。而且,在晉代晚期(3世紀下半葉到5世紀早期)
不同的地方有許多寺廟叫白馬。所以很難說我們去的那座洛陽的白
馬寺早在西元1世紀時就有了這樣的名字。然而,有充分的理由相
信現在的建築,雖然建於清代,但恰好是建在漢代寺廟的舊址上。
因為根據牟子《理惑論》這部漢末的作品,第一個佛教寺廟建在
洛陽以西、雍門以外。根據1964年、1972年對漢魏洛陽城的考古
勘察,白馬寺在東漢雍門以西大約一公里處,就很符合牟子的描
述[43]。而且,所有的材料,無論是佛教的,還是其他的,如《水經
注》(「穀水」)、《洛陽伽藍記》(卷四裡的「白馬寺」)和僧佑的
《出三藏記集》(卷七和卷八)所記,都和寺廟的位置符合。因此我
們知道寺廟從東漢建造起到南北朝時代結束時(約西元580年),都
一直存在。此後此寺廟作為佛教中心的聲譽牢固地樹立起來了,以
至於在後來的任何年代裡,當地的佛教徒不能全然將它的名字棄之
不用。

當地的主人告訴我們,現在清涼臺拱門下的臺階所用的一些磚
石可能是漢唐的。寺廟裡第二古老的文物是大門兩側的兩匹駿馬,
據說是宋代的。十八羅漢是元代的。我們允許在建築外拍照,但不
能在裡面拍照。總的來說,這個由花園和前前後後綿延不斷的小山
圍繞著的寺廟,營造著一種來世的平靜氛圍。

從白馬寺出來,我們繼續去看附近的齊雲塔。齊雲塔建於唐
代,它看起來向前傾。因為塔是傾斜的,並且有密密麻麻的屋頂
線,所以如果用石塊敲擊基座的地面,就會產生一種奇妙的回音現
象。

---

43 見〈漢魏洛陽城初步勘察〉,《考古》1973年第4期,頁200。

再往東走，我們參觀了漢魏城牆的西段和東段。根據考古勘察，西城牆不相連的廢墟有4,290米長，東城牆3,895米，北城牆3,700米。南城牆由於洛河逐漸向北改道的原因早已消失。鄭洛公路恰好從西城牆的雍門經過。從遠處看城牆的頹垣殘壁就像延綿在田間的小山，然而當我們穿過田野走近城牆去測量時，夯築的土層則清晰可見。我們都爬上廢墟的頂部，在那兒拍了幾張照。我們看見北邙山向北延伸（我們曾要求去看山中的墓址，但被告知不通車），但南邊的洛河由於距離太遠而不能看見。

下午6:30，蔣若是先生在飯店裡設宴招待了代表團。

10月22日，星期日，洛陽

代表團整個上午參觀著名的龍門石窟。龍門石窟位於洛陽城南十二公里處的伊闕。在那裡，伊河流經一對酷似中國古代門樓的小山，伊闕由此而得名。石窟始建於北魏，擴建於唐代。隨著佛教開始衰落，五代和北宋時期只增加了少數石窟。我們參觀過的主要石窟包括萬佛洞（680年）、蓮花洞（北魏）、奉先寺（675年）和古陽洞（494年）。其中古陽洞是最早的，但奉先寺是最富於藝術魅力的。奉先寺的主要雕像是高達17.14米的盧舍那佛，寺內還有迦葉摩騰這尊菩薩和保護神的巨像。古陽洞布滿了神龕，神龕裡有大小各異的雕像，那是北魏信奉佛教的皇帝和貴族的捐贈品。這裡也是中國中古書法的寶庫，《龍門二十品》中的19件被雕刻在石窟的牆壁上。

在貴賓室休息了片刻，我們買了一些龍門碑刻的拓片。出來後，我們來到了伊河的東岸，享受特權看兩個石窟。由於遭到破壞，它們未正式向參觀者開放。我們沒能去賓陽洞，它是北魏風格

的最好代表，因爲正在維修，被腳手架所遮擋44。

回飯店吃完午飯，我們被帶去參觀洛陽軸承廠和廠幼兒園。這是一個有14,700名工人的大廠。目前，它年產26,000,000個軸承，包括1,380種，適用於造船、採礦、冶金和製造業。產品供應3,600個國內用戶，並銷往50多個國家。在幼兒園裡，我們參觀了幾個班，並觀看了孩子們的歌舞表演。

從工廠出來，我們回洛陽市博物館去見中國社科院考古所洛陽考古隊的兩名成員，他們是許景元先生和陳久恆先生。他們向我們描述了最近在洛陽漢魏城南郊的發掘工作，那裡曾是禮儀建築集中的地方。到現在爲止，他們已完成對東漢靈臺的發掘工作，靈臺是至今發現的最早的天文臺45。他們也在太學所在區域內發現了西晉時代的宿舍。另一個發現是熹平年間刻在石碑上的《尙書》殘篇。殘篇包括〈堯典〉、〈禹貢〉和孔安國的序，約300字。明堂遺址已確定，不久的將來將對其進行發掘。

會見結束後，我們去看兩個漢墓。這兩個漢墓已被轉移到博物館後面的工人公園內。兩個漢墓中，一個是著名的西漢洛陽61號墓，發掘於1957年。這個墓大約在西元前48年到西元前7年之間，特別以壁畫著名。據我們所知，其他繪有壁畫的漢墓都是東漢的，這個墓確實是中國發現的最早有壁畫的墳墓46。墳墓中的兩幅壁畫

---

44 關於石窟修建過程的信息，見Alexander Soper, "South Chinese Influence on the Buddhist Art of the Six Dynasties Period," *Bulletin of the Museum of Far Eastern Antiquities* 32[1960]: pp. 47-112，關於石窟的照片見水野清一和長廣敏雄的《河南洛陽龍門石窟的研究》（東京，1941），照片雖舊但很全。

45 見《考古》1978年第1期，頁54-57。

46 見《考古學報》1964年第2期，頁103-149和Jonathan Chaves, "A Han

已被郭沫若鑒定為「鴻門宴」和《晏子》中的「二桃殺三士」[47]。第二個鑑定無疑是正確的,但第一個似乎有問題[48]。天花板上還有一幅星象圖,由十二部分組成。第一部分描繪了有一隻金雞的太陽,第七部分月亮的中間有一隻蟾蜍和一隻兔子,右邊(西邊)有兩顆星,剩下的部分都是群星。在墓頂繪製星象的慣例,如果不是更早的話,至少可以追溯到秦始皇時代[49]。這個墓在美國也引起了極大的關注,墓中壁畫的複製品作為漢唐壁畫展的一部分,在美國巡迴展出。而且,波士頓藝術博物館測定瓦片的時間為西漢末期[50]。第二個墓是東漢的,墓飾以石雕[51],墓中有很重的旋轉石門,上面雕刻著頭戴皇冠的圖形,具有典型的神秘主義色彩。一個雕刻得很精美的像龍一樣的柱子很有趣,它支撐著入口,入口後是個小房間。

  我們在6:00左右回到飯店,準備乘晚上10:50的火車前往西安。

10月23日,星期一,西安

  凌晨6:40,我們在黑暗中到達西安,接待我們的小組人員是:

(續)————————————————
    Painted Tomb at Loyang," Artibus Asiae, 1968, 30. no, 1: 5-27。
47 見郭沫若,〈洛陽漢墓壁畫試探〉,《考古學報》1964年第2期,頁1-7。
48 見余英時 "Han China",收入張光直編,*Food in Chinese Culture: Antropological and Historical Perspectives* (Yale University Press, 1977),收入余英時,《漢代貿易與擴張》(台北:聯經出版公司,2008)。
49 見夏鼐,〈洛陽西漢壁畫墓中的星象圖〉,《考古》1965年第2期,頁80-87。
50 見Jan Fontein 和 Wu T'ung, *Han and T'ang Murals Discovered in Tombs in the People's Republic of China and Copied by Contemporary Chinese Painters* (Boston, Museum of Fine Arts, 1976), pp. 20-33.
51 見 Käte Finsterbusch, *Verzeichnis und Motivindex der HanDarstcllungen*, Vol, 2, pl. 256, Supplement 26.

陝西省「革命委員會」文化局副局長張禹良先生，文化局文物處處
長陳孟東先生，陝西省文物管理委員會主席王漢章先生。我們被送
到人民大廈飯店。過了一會兒，我們去臨潼參觀秦始皇墓。路上花
了兩個小時。經過秦始皇墓時，霧籠罩著墳墓，看不見它。我們先
去了秦俑坑。在那裡，考古學家吳梓榮(音譯)先生概括介紹了秦始
皇墓及兵馬俑。他首先描述了秦始皇墓的地理位置，墓在渭河之
西，距驪山南麓一公里，距臨潼縣城東5公里。據勘察，陵墓有外
牆和內牆。墓的中心最靠近這些同心長方形的南面，墓冢有76米
高，墓基地面積約250,000平方米(確切地說，墓基為485×515，也
就是249,775平方米)。內牆為周長2,525.4米的正方形。它有東門、
西門和南門。外牆為周長6,294米的長方形。東面有門。墳墓至今
未被發掘，近期也沒有任何準備發掘的計畫。一個原因可能是這種
規模的發掘活動需要巨大的花費，另一個原因可能是由於缺乏保護
技術和措施，只得謹慎從事，讓文物保存在地下，直到條件允許時
再出土。

迄今為止發現並挖掘了三個秦俑坑。1974年發現了1號坑，
它位於秦始皇墓以東1.5公里處，坑長230米，寬62米，深約5米，
包括11個信道，被10道木牆隔開。黏土做成的武士排列在這11個
信道上，前衛是3列士兵(每列70個士兵)；3列後衛面朝西方；2
名衛兵分列南、北兩翼；中間有38列。總共有6,400名士兵和馬
匹。人的平均身高是1.8米，馬長約2米，高1.74米。他們保持原有
的顏色[52]。1976年5月，在1號坑以北約20米處發現了2號坑。挖掘
工作在1976年5月到1977年8月之間進行。2號坑的面積達6,000平方

---

52 更多的細節，見《文物》1975年第11期，頁1-23。

米，包括1,000多個塑像。它的建築結構比1號坑複雜，包括四個單元，一單元有6個信道，二單元有第7、第8兩個信道，三單元從第9至第11，四單元從第12到第14。2號坑的士兵類型也更多，包括步兵、騎兵、御者和弓箭手。從戰爭史的觀點看，大量出現的戰車是很有意義的。它們出現在第三個單元裡，占據了整個空間結構的大半部分。這似乎說明戰車在秦代軍事力量中仍扮演著一個主要的角色。而且在大多數情況下，坑中的每一輛戰車中都有一名御者，旁邊有兩位身穿鎧甲的戰士。這也十分符合較早的《吳孫子》裡有關戰車的說明[53]。在2號坑裡發現了3號坑，來之前我們不知道。它只占地500平方米，包括68個塑像、1輛戰車和4匹馬。田間考古學家暫把這個坑當作前敵指揮司令部。三個坑裡包括8,000個兵馬俑，黏土製成的兵馬俑被烘烤過，並拿著真正的武器(包括青銅製成的矛、箭頭、弩機和劍)。士兵的頭是單獨製作再安裝上去的，他們面目各個不同。馬的兩側顯然有塞子(如同油箱的蓋子)，用來塞住腹部的洞，洞是為了避免在烘烤過程發生爆炸而留出的。坑的地下結構是土木結構。據考古學家認為，有跡象表明坑在建成後不久曾遭火災。有一些人甚至認為可能是《史記》中記載的項羽在西元前206年的破壞。在1號坑遺址，一座巨大的博物館正在建設之中。它寬72米、長230米、高22米，遮蓋著遺址。博物館將在近期完工，並準備於1979年10月向公眾開放。

介紹完之後，我們先被帶去參觀一間臨時的小展室，在那裡展示著兵馬俑的樣品。接著去了建設中的博物館，那裡挖掘工作仍在進行。我們被允許在這兩處拍照。最後，我們被領進附近的一間維

53　見《文物》1978年第5期，頁1-15。

修室,在那裡女高中畢業生正受訓將破碎的塑像復原。

正午之前,我們離開遺址,來到秦始皇墓。這時能見度有所改善,可以看出它是一座人造的小山。我們攀登上陵墓頂部,展望全景,周圍的農村和南面的驪山仍很模糊。去華清池的路上,我們在臨潼市文化館稍作停留。那裡有一小間展室,收藏著周代至秦代的人工製品。

我們在驪山腳下的一間大接待室裡吃了盒飯,隨後穿過美麗的庭院,來到華清池。我們中一些人在單獨的溫泉池子裡泡澡。水中包含有益健康的礦物質,特別是熟石灰和硫磺(水溫43℃或大約110℉)。華清池因七個理由而出名,其中包括著名的楊貴妃(8世紀)曾在此沐浴。1936年12月12日,蔣介石也是在這裡被張學良「綁架」,被迫同意和共產黨建立聯合陣線抵抗日本。蔣於同年12月25日被釋放。下午2:00左右我們離開華清池,直奔西安的陝西省博物館。博物館建在以前孔廟的所在地,它靠近西安古老的南城,有一系列漂亮的建築和花園。展覽分為四部分:歷史文物、雕塑品陳列室、碑林和近期發現。在雕塑品陳列室,我們見到了來自唐太宗(627-649年在位)墓的昭陵六駿。四件是原件,另外兩件是鑄造物,因為自從1920年以來那兩件一直保存在費城的賓夕法尼亞州立大學的博物館裡。陳列室裡其他幾件有趣的物品包括:兩扇西漢墓正門,雕刻著四靈(龍、鳳、虎、龜);東漢石浮雕和一些高大的唐代佛像(包括那座非常著名的菩薩軀幹雕塑像,它非常優美,身姿搖曳)。但我們的注意力被一個巨大的石像所吸引,據說她是來自西安附近漢武帝昆明湖的織女,在天上和牽牛共同構成一對人形的

星座。1950年代初被發現[54]。由於某種原因這對雕像被分開了，牽牛被放置在別處。石像甚至看上去不像女性——雕刻非常古拙，甚至連石頭的形狀都沒有改變。碑林建於18世紀，為的是保護古代的碑文，它是中國最古老的功能性博物館。最有價值的系列是刻在石碑上的全套儒家經典，鐫刻的時間是西元837年，即開成二年，這套石經後來被稱作「開成石經」。它包括114塊石碑，前後兩面都刻有字，共計650,252個字。正文以楷書書寫，標題用隸書。碑林總共有1,000多塊不同的石碑，包括著名的賢明碑和唐代其他書法名作。我們匆忙瀏覽了其餘兩個部分。說老實話，至少需要一周左右來參觀這個博物館。

我們最後的停留處是西安的鐘樓，它位於城市的主要路口上。1384年始建於別處，16世紀移至當前的位置。樓有36米高，由磚石基底和木質建築構成。我們爬上樓頂，漫步在走廊上，俯瞰著城市。

晚上，張禹良先生在我們下榻的飯店舉行正式宴會招待我們。

10月24日，星期二，西安

這天的時間安排得很緊張，我們要去乾縣參觀埋葬唐高宗(650-683年在位)和武則天(690-704年在位)的乾陵，還要去興平縣參觀漢武帝(前140-前87年在位)的茂陵。我們早上八點過不久就離開了飯店，這比平常早，因為乾陵距離西安80公里，路上要花兩個小時。

54　見〈西安附近所見的西漢石雕藝術〉，《文物參考資料》1955年第11期，頁3-5。

又是一個霧天，在西安這個時節出現這種天氣很平常。當車駛過著名的渭河時，我們注意到水位十分低，當地主人告訴我們這是因為上游建了水壩。我們先到了永泰公主(685-701)的陵墓，乾陵博物館就建在那裡。我們受到一隊當地官員的歡迎，包括乾縣「革委會」副主席崔發源先生、乾縣文教局副局長王萬和先生、乾陵博物館館長韓世民先生和博物館的一名職工楊正興先生。我們在接待廳裡聽了有關整個乾陵區域的簡介。

乾陵周圍共有17個陵墓，如同衛星一般環繞著乾陵。9個屬於皇帝夫婦的直系後代，8個屬於高級文官和武官。乾陵本身未被發掘，但周邊的5個墳墓在1960年到1975年之間已發掘。在這些墳墓中，永泰公主墓和章懷太子墓都以壁畫出名。墓中出土了總共4,000多件文物，壁畫總面積超過1,200平方米。

聽了簡介之後，我們乘車去參觀乾陵。乾陵位於一座自然山的高處，雄視四周。我們上上下下走了一段很長的路，路的兩側有人和動物的石像。在最後一段上坡路的腳下，豎立著61尊石像，他們是參加葬禮的外國使節。我們得知，他們的頭在大約一個世紀前的饑荒中被當地農民砍掉。出於某種原因，農民相信這些外國惡魔應為莊稼遭到破壞負責。最近找到兩個頭像，並對他們進行了復原，其中包括來自於阿富汗的使節的頭像。當我們來到陵墓時，得知已經對陵墓進行了勘測，墓道入口的位置也已確定。

返回的路上，我們有機會近距離觀察了一個窯洞，它的主人邀請了我們。這樣的窯洞在這一帶很典型。從黃土斜面挖進去一個大洞，再用草和泥抹牆，這樣就建成了一個窯洞。黃土的垂直分裂和黏土般的堅固，使得建造這種民居成為可能。

回到博物館，我們去參觀了永泰公主墓。永泰公主是唐高宗和

武則天的孫女，唐中宗(705-709年在位)的第七個女兒，死於十七歲(按中國的算法)。死後五年，即706年，她和丈夫武延基合葬於此。1960年8月4日至1962年4月16日之間，墳墓被挖掘。在這之前，它已遭到一定程度的盜挖。在發掘過程中，發現了一具頭蓋骨破裂的屍骨，它是在盜墓者開鑿的洞的正下方信道上發現的，在骨架周圍散落了八件黃金飾品。這個可憐的人可能是在偷盜之後被他同伙殺死的。這說明除了這8件黃金製品外，墓中發現的金銀製品也許不只這些。墓中供奉著許多文化製作品。特別珍貴的是壁畫。壁畫覆蓋了信道、走廊以及兩個墓室的全部牆面和天花板。在信道兩邊的牆上，我們所看到的兩幅巨大的壁畫是複製品。原先的壁畫遭到很嚴重的破壞，因此移到博物館裡保護起來了。天花板上的太陽、月亮和銀河是原有的，保存的狀況很好。另一個歷史和文化的重大發現是〈大唐故永泰公主誌銘〉石碑，總共830個字。碑文由著名的文士徐彥伯[55]撰寫。這個墓的另一凸出特點是有大量的塑像，像有三種：陶俑、唐三彩和木俑，共878件，其中包括漢族男女、胡人(有站立和騎馬兩種姿勢)和動物(主要有馬，但也有牛、豬、羊和駱駝)。這些塑像連同它們的飾物是研究中國唐代生活的寶藏[56]。1973年在巴黎和倫敦舉行的中國考古發現展部分包括了這些塑像[57]。

　　吃完午飯後，我們驅車去了興平縣內的漢武帝茂陵。在那裡，興平縣外事辦副主任祝培良先生和茂陵文物管理中心主任王志杰先

55　「徐彥伯傳」在《舊唐書》卷九四和《新唐書》卷一一四。
56　見《文物》上的一個總結報告，《文物》1964年第1期，頁7-18。
57　見夏鼐，〈巴黎倫敦展出的新中國出土文物展覽巡禮〉，《考古》1973年第3期，頁176。

生接待了我們。

　　茂陵位於興平縣東北的高原上，它是11座西漢皇帝陵墓中最大
的一座。從漢武帝執政第二年就開始修建，據說每年花費他個人收
入(由少府管理)的三分之一。據勘測，陵墓高46.5米、頂部面積為
39.5×35.5平方米，底部面積為321×324平方米。陵墓有圍牆，圍
住的面積有430.87×414.87平方米　，圍牆有三個門，分別位於東
側、西側和北側，門高出地面。21座衛星墓分列東邊和西邊，5座
已確定，是霍去病墓、霍光墓、李夫人墓、衛青墓、金日磾墓。我
們先去了霍去病墓，霍去病是漢武帝所喜愛的三位將軍中的一位
(另外兩位是衛青和李廣利)。我們爬上陵墓的頂部，在那裡我們看
見幾個大小相似的古墓大致沿著一條東西中軸線，聳立在高原的不
同方向上。幾十年來，霍去病墓特別以石雕聞名。本世紀初，沙畹
(Edouard Chavannes)到訪過[58]。1920年代後期，日本考古學家水野
清一參觀了這裡，並拍攝了他所能見到的每一座石雕。後來他發表
了配有圖片的報告，引起中國學者的注意。據馬子雲1933年寫的一
篇文章介紹，霍去病墓附近的石雕在16世紀中葉的地震中受到很大
的損壞。然而，所有大而重的石雕完整無損[59]。當初，漢武帝命令
將霍去病的墓建成祁連山的形狀，霍去病曾於西元前121年在那裡
決定性地擊敗了匈奴。見《漢書》卷五五。因此，陵墓頂上和周圍
放置了一些巨型石像以及大塊的岩石，岩石未經雕刻或只進行了粗
加工。因為所有的雕刻作品都移入兩旁的陳列室(1964年建)裡，陵

58　見他的 *Mission archeologique dans le Chine septentrionale*, 1 vol. of text and
　　2 portfolios of plates, Paris, 1909-1915.

59　見馬子雲，〈西漢霍去病墓石刻記〉，重印於《文物》1964年第1期，
　　頁45-46。

墓不再保持祁連山的形狀。

現有16個巨像，其中7個發現於1957年。包括大象、魚、蛙、龜、羊、牛、熊、馬、虎和最出名的「馬踏匈奴」。所有的雕像都反映出共同的特點：樸實、有力以及盡可能保持石頭的原有形狀。一個藝術史家認為，這可能與早先想要使陵墓與祁連山相像的設計有某種聯繫[60]。我們得知，最近幾年在茂陵及霍去病墓附近發現了六百多件文物。1975年，在陵墓東南1000米處發現了一塊精美的玉輔首，玉輔首上刻有動物面具，曾在歐洲和日本展出過。其他發現包括鵝卵石鋪過的道路，空心磚和瓦當，所有這些都是漢代的。參觀完霍去病墓，我們去了茂陵，但那兒除了墳冢本身，就沒有什麼可看的，我們在它前面拍了些照片。

回西安的路上，我們在咸陽市博物館稍作停留。咸陽市博物館和西安的省博物館一樣，是建在古老的孔廟裡的。我們在館長王風林先生和副館長楊浚清先生的指引下參觀了博物館。這個博物館專門展出秦漢時代的人工製品，每個時代有三百多件展品。另外，這兒有一個特別的展室，展出著1965年首次在楊家灣發現的西漢陶俑軍陣(士兵和騎兵)。後來在1970年，考古學家開始在那一帶發掘出兩個漢墓，他們稱為4號墓和5號墓。楊家灣的兩個墓位於漢高祖的長陵與漢景帝的陽陵之間，但更靠近長陵。它們暫時被確認為長陵的衛星墓。發掘工作直到1976年底才完成。總共發現11個坑，它們圍繞著兩個墓呈衛星狀排列，其中包括6個騎兵坑，4個步兵坑和1個戰車坑，兵馬俑的總數達2,400。它們非常像在秦始皇墓附近發

60　見傅天仇，〈陝西興平縣霍去病墓前的西漢石雕藝術〉，《文物》1964年第1期，頁40-44。

現的那些兵馬俑，但大小僅是其四分之一。這兩個漢墓曾被認為是將軍周勃和他的兒子周亞夫的墓。然而這個鑑定仍是暫時的[61]。只有大約700個兵俑在博物館中展出，但它們合起來的影響力是巨大的。博物館館長慷慨地允許我們為它們拍照。

下午6:30，我們回到飯店。匆忙吃完飯，便去看木偶戲。演出在一個大劇院進行，劇院裡坐滿了觀眾。演出的節目是《西遊記》中的一段情節，即〈孫悟空三調芭蕉扇〉。木偶大約是實物大小的二分之一，由人在下面用線和棍子操縱，操縱木偶的人不為觀眾所看見。演出非常成功，整個代表團的成員和中國觀眾一樣感到欣喜若狂。直到謝幕時，我們才驚訝地發現幾乎所有的表演者都是二三十歲的年輕人，也許在「文革」期間他們能繼續訓練。

10月25日，星期三，西安

這一天，兩位來自於西安市文物管理處的考古學家加入到我們中間。他們是暢耀先生和姜開任先生。他倆為我們導遊，帶領我們參觀秦漢建築的遺迹。我們先駛往著名的未央宮，但在濃霧裡，能見度很低，除了山而外，幾乎所有的東西都隱藏在霧裡。於是我們被迫改變早上的時間安排，去了半坡新石器村。自從1953年發現以來，這個仰韶文化村已被公諸於世。現在半坡博物館已成為考古學家和遊客感興趣的西安幾大歷史景點之一。半坡是一個很大的定居點，面積約為50,000平方米。村莊完全被一條人造壕溝所包圍，壕溝深和寬5至6米。博物館展覽室主任趙文藝先生領著我們穿過了許

61　見《文物》1977年第10期，頁10-16，以及展力和周世曲討論楊家灣出土的騎兵俑的論文〈試談楊家灣漢騎兵俑——對西漢前期騎兵問題的探討〉，同上，頁22-32。

多展廳。在博物館後面，巨大的拱形結構遮蓋著半坡村已挖掘的部分。沿著牆用木板搭建起走道，從上面我們可以俯瞰房屋遺址、儲藏坑、墓地、重建的茅舍，等等。最後我們被帶到拱形結構的後面，那兒有間上鎖的房子，我們進去看了一座保存得很好的新石器時代的窯。

從半坡博物館出來，我們去了大雁塔。大雁塔實際上位於西安以南8公里處的慈恩寺內。慈恩寺建於唐太宗時期，由太宗未來的繼承人、後來的唐高宗主持修建。當慈恩寺竣工時，太宗邀請著名的僧人玄奘留住於此，翻譯他剛從印度帶回來的佛經，這是一項規模巨大的工程。傳說，玄奘依照他在印度所見的佛塔的樣式設計了大雁塔。大雁塔建於永徽年間(650-655)，塔的名字也很可能是從梵文翻譯過來的。有一個佛教故事講道，一隻大雁情願犧牲它的生命，以充當饑餓僧人們的食物。於是像對待僧人一樣，人們在埋葬它的地方，爲它建起了一座佛塔。大雁塔最初只有五層，後來增加了兩層，它現在的高度是64米(248級臺階)。我們中的大部分人爬上頂層，然而大霧再次模糊了我們的視線。我們得知，在晴朗的日子裡，能看見渭河對岸秦始皇陵那麼遠的地方。佛塔在16世紀重建，因此牆上的文人題字幾乎都是明清時代的。唐代有一個慣例，科舉考試的成功者——進士要將他們的名字寫在大雁塔的牆上，這一風俗被稱爲雁塔題名。因爲皇帝通常在曲江池邊設宴祝賀新科進士，宴會結束後，許多進士會去參觀大雁塔，並在塔上留下他們的名字。我們詢問了有關曲江池的情況，結果發現它早就消失了。

下午2:30，除了杜爾和斯佩曼(Douglas Spelman)外，代表團第二次去參觀漢未央宮，這時未央宮比在早晨的霧中顯得清晰。據我們的主人——兩位考古學家介紹，我們腳下的大土台就是未央宮前

廳的地基。從台上看，西北方的石渠閣、天祿閣依稀可辨。未央宮東北方的武庫從1976年開始挖掘，大約一半的地面已被勘測。我們被告知，宮殿區域內的發掘工作將繼續進行。當武庫的勘測工作結束後，未央宮的地基也將被發掘。

離開未央宮地基，我們被帶去參觀長安漢城的西城牆。與洛陽東漢城牆遺迹一樣，夯築的土層清晰可見，有很多層，土層3-4英寸厚，水平方向的洞也很明顯，木樑曾放置於此以加固牆體。

這天我們最後停留的地方是秦始皇的阿房宮，它位於渭河以南7.5公里處。現在遺存下來的是3.5×1平方公里的地基。我們得知，鑽探測試已顯示下面沒有什麼東西。

返回的路上，我們經過了西安的城門，這是明代的建築，它的各個側面有許多像窗戶一樣開著的東西。我們原計畫晚上10:20從西安飛往蘭州，但由於天氣的緣故，航班被取消。

10月26日，星期四，西安

我們醒來發現天氣比頭天還糟，不僅有霧，而且風雨交加。我們被困在西安，我們的主人中國社科院，顯然和我們一樣焦急。感謝他們的努力，我們坐上了下午5:58的火車。最初的旅行路線相應地作了修改，我們不在蘭州停留，直接去敦煌以北120公里處的柳園。一節一等軟臥車廂專門為我們加掛在上海—烏魯木齊的火車上。以張禹良先生為首的當地主人在火車站為我們送行。

10月27日，星期五，去敦煌的途中

上午10:00，我們的火車到達蘭州站，大約晚點兩小時。我們受到一隊人的歡迎，他們是我們從敦煌回來後的主人。一位來自甘

肅省外事局的當地導遊趙小姐上了我們的火車,她將伴隨代表團去敦煌,並隨團回蘭州。

11:17,我們經過河口南,火車正由北向西北方向行駛。此時,與黃河平行。我們正進入河西走廊,從秦漢時代起,這裡就被稱爲河西。許多地方看起來得到很好的耕耘,河谷有充足的水,生長著小米、燕麥、玉米、大麥、棉花、果樹等。多數房屋都是夯築起來的土屋,窗戶以細木格作爲裝飾,並用厚實的糯米紙貼在上面。當我們穿行在河西走廊中時,兩旁的山逐漸變得很狹窄。當看見向南延伸、白雪覆蓋的祁連山脈時,我們所在的高度,海拔約6,000英尺。下午3:00,我們經過烏鞘嶺,海拔超過9,000英尺。3:45經過天祝,這是我們這次行程的最高點(海拔可能超過11,000英尺)。接著火車開始逐漸下降,向武威駛去。武威是漢代四個河西指揮部中最早的一個,其他三個依次是張掖、酒泉和敦煌。下午5:45,我們到達武威境內,此時天已經黑了。

10月28日,星期六,去敦煌的途中和在敦煌

大約上午10:00,我們抵達柳園。在那裡遇見從酒泉開來的一輛轎車和兩輛麵包車。我們立即出發去敦煌,12:45到達那裡。在兩個半小時裡,我們駛過流沙沙漠,這段經歷非常有趣。在沙漠中間,我們路過一個農業站,給人印象深刻的是灌溉渠用黨河裡的水。半路上我們停下來,觀看一個漢代的土瞭望塔遺迹(據我們的當地嚮導所說),並拍照。我們也爲公路邊一群放養的駱駝拍照。駱駝拉車和身穿羊皮襖的人騎著駱駝的景象,特別容易使人想起漢唐時代的邊塞生活。

敦煌城很小,人口大約10,000,整個縣的人口大約有90,000。

我們住在敦煌縣賓館裡，這是只有一層的綜合設施，通常用於接待來開會的鄰縣幹部。必須指出，由於敦煌還未正式向外國旅客開放，所以缺少現代的設施。自1949年中華人民共和國建立以來，我們團是首批來訪的美國代表團。

吃過午飯後，我們駛往著名的莫高窟，它也被稱為千佛洞，位於縣城東南25公里處。在城市的範圍之外，我們看見沙漠中間的褐色的沙丘，它給人的印象很深。從古至今，它被稱為鳴沙山。沙丘的腳下是礫岩峭壁。石窟就在那裡。與石窟遙遙相望的是著名的三危山，雖然相隔幾里，但清晰可見。

代表團首先去了敦煌文化研究所，研究所正好在石窟下面，我們受到所長常書鴻先生和他的五個職工(施平亭先生、蔣毅明先生、李永寧先生、趙秀榮先生和孫秀珍女士)的接待。常教授是位藝術家和歷史學家，早年曾留學巴黎。40出頭來到敦煌，現已76歲。在中國，他獻身敦煌石窟的事 已成為傳奇，著名的新聞記者徐遲將他寫入報告文學，題目是〈祁連山下〉[62]。1943年常創辦了敦煌藝術研究所(1950年改為敦煌文化研究所)。他講了許久的話，對我們表示歡迎，並介紹情況，一些職工不時作點補充。就敦煌石窟而言，應作如下的概述：據698年的一塊石碑[63]記載，最早的石窟建於366年，由釋樂僧修建。唐代早期，石窟和佛龕就有1,000多個。到現在保存下來的石窟只有492個。石窟按年代分為南北朝時代43個、隋代79個、唐代243個、五代8個、宋代8個、西夏3個、元代4個。年代很清楚的石窟中，最早的是537-538年的石窟(第285

62　收入徐遲的《歌德巴赫猜想》(北京，1978)。
63　李懷讓，《重修莫高窟佛龕碑》。

號），最晚的是1002年的石窟[64]。石窟內壁畫畫面積達45,000多平方米，窟內還有2,000多件唐宋時代的雕像和5個木質建築。

接待結束後，我們分成兩組參觀石窟。一組由施平亭先生帶領，另一組由蔣毅明先生帶領。兩人對於他們身後的繪畫和佛教傳入前後的故事都瞭如指掌。總體上石窟比以往任何時候得到更好的保護。我們被告知，1962年開始修建保護石窟的門和封閉式走道。洞中沒有燈光，我們的嚮導用高能手電指示那些他們認為最重要的部分給我們看。總的來說，雕像和壁畫保存得非常好。除了多處損壞外，其他地方色彩鮮明得令人吃驚，細節也保存得很好。然而正如我們的嚮導所指出的，在許多情況下，繪畫所用的一些顏料成分已改變了顏色，產生出來的效果與當初藝術家們想要達到的截然不同了。洞內「禁止拍照」的規定得到很嚴格地執行，理由是照相機的閃光燈對顏料的色彩特別有害。

6:30左右，我們回到賓館。緊接著出席了隆重的宴會，宴會的東道主是敦煌縣「革委會」主席文玉西先生、副主席楊士科先生以及常教授。

10月29日，星期日，敦煌

除去兩個小時的午餐休息，從早上8:30開始我們用整天時間參觀石窟。石窟面朝東，早上的光線比下午好。我們分兩組，共看了62個石窟，它們是：

南北朝：249(西魏)；254(北涼)；256(北魏、重建)；257(北

64　石窟有三種編號系統：數字前以字母P開頭的是佩里歐特(Pelliot)的，C開頭的是張大千的，而那些不以字母開頭的是研究所的。研究所的編號系統是最全面的，因而在文章中採用此編號。

涼、有鹿本生）；259(北魏早期)；263(北魏)；272(5世紀晚期)；275(北涼)；285(539)；288(5世紀末)；290(魏)；296(北周)；428(北魏石窟中最大的)；431(北魏)。

隋：305(585)，390，402，419，420，427；

初唐(618-712)：057，096，098，220，320，321，322，323，329，332，335；

盛唐(713-762)：045，073，130，319，384，445；

中唐(763-820)：158，159，194；

晚唐(821-906)：009，012，016，017，156，196；

五代和宋：061(後晉)，328(西夏)，409(西夏)；

元：003。

此外，我們看了第444號窟，這是唐代的石窟，但不知確切的年代。我們還看了另一個唐代石窟，它未被編號。我們中有一組人也看了下面的石窟，其年代不得而知：103，172，217，248，268，299，321，424，432。從這些石窟出來，我們被帶去看兩座彌勒佛的巨像，一座36米高(時間為695年)，另一座26米高(時間在750-760年之間)。

在參觀過程中，我們看到小石室(17號石窟)都很興奮，1899年道士王圓籙在此發現了著名的敦煌手卷。小石室不僅與16號石窟相連，而且實際上就位於16號石窟內。我們博學的嚮導向我們詳細地說明了有關這個小石窟的一些關鍵性問題，比如它的建造以及後來砌牆將它封閉。在我們參觀後不久，馬世長發表了一篇論文[65]。我

65　馬世長，〈關於敦煌藏經洞的幾個問題〉，《文物》1978年第12期，頁21-33。

們嚮導的觀點顯然主要是以馬的研究為基礎的。第一個問題是17號窟建於何時、被何人所建。馬令人信服地指出16號和17號石窟的修建與僧人洪䛒有直接聯繫。851-862年之間，洪䛒受唐代政府指派任河西都僧統。馬又令人信服地證實修建16號窟是洪䛒的工作，並且17號窟最初是為紀念洪䛒而設計修建成石室的。然而，洪䛒同時修建16、17號窟的論斷[66]是有問題的，因為它意謂著洪䛒為紀念他自己而建此石室。小石室最有可能是在洪䛒死後，由他的繼任法榮（862-869年在位），或他的弟子悟眞(869-895年任河西都僧統)增建於16號窟內[67]。第二個問題是什麼時候這個石室被封住以及為什麼。佩里歐特的觀點很有影響，1908年他認為，當面臨西夏入侵時，石室被封住，時間是1035年。現在這個觀點受到挑戰。佩里歐特的依據有兩個：1.在可以確定時間的手卷中，最遲的是至道年間（995-997）；2.沒有發現西夏字體的手卷。而且佩里歐特發現手卷放置得很雜亂，表明可能是害怕遭搶劫而在匆忙中將石室封閉起來。馬世長認為，佩里歐特的理由在許多方面沒有說服力。首先，雖然1036年西夏占領了瓜州、沙州和肅州，然而直到幾十年後，他們才成功地鞏固了對這一大片地區的統治。這從他們連續向宋代朝廷納貢的事實可以清楚地看出。沙州於1037、1040、1041、1042、1050、1052年曾向宋代朝廷納貢，而敦煌恰好是沙州的一部分。其次，尤其在這段時期內，敦煌處於漢族曹氏家族牢固的控制之下。在440號窟北面的外牆上，最近發現了一處1046年的漢文。有意義

66　馬世長，〈關於敦煌藏經洞的幾個問題〉，《文物》1978年第12期，頁23。
67　有關悟眞，見陳祚龍，*La vie et les oeuvres de Wou-tchen*(816-895): *Contribution à l'tistoire culturelle de Touen-houang* (Paris, 1960).

的是，文中仍沿用宋代慶曆六年(1046)的年號。

再次，西夏統治階級也以虔信佛教而聞名。僧人似乎沒有理由擔心佛經會遭破壞。最後，手卷在被發現時不會是雜亂的。因爲在斯坦因(Stein)和佩里歐特到來前，王圓籙和一些中國官員爲了檢查，已經將手卷移動了。馬因此同意中國專家陳垣後來的意見，在《敦煌劫餘錄》的前言裡，陳垣認爲封閉石室應發生在皇佑(1049-1053)後。然而，爲什麼不得不秘閉石室仍是一個謎。

參觀17號窟時，我們看見了洪藲的雕像。當王圓籙第一次發現石室時，像不在石室內。出於未知的原因，在封洞時雕像被移到362號窟。1965年常書鴻和他的職工對雕像作了鑑定，從此以後它回到了原來的地方。與此相關的是，最近在敦煌一帶收集到總共9,946頁藏文手稿(大部分由敦煌縣文化辦公室收集)。在這些手稿中，8-9世紀的當地政府文件已經過鑑定。這些藏文手稿最初出自石室，至今未被仔細研究，希望將來對它們的研究能透露有關吐蕃占領時期敦煌一帶的新訊息[68]。

近期在莫高窟內的其他發現也應提到。例如，1963年在發掘莫高窟前面的建築遺迹時，不僅發掘出從五代到元代的建築，也發現了6個大大小小的新石窟(編號：487、488、489、490、491、492)，因此石窟的總數達492個[69]。1975年10月，研究所的人移開222號窟壁畫上西夏的那一厚層，希望發現它後面有更早的東西。結果完全不出所料，他們成功地發現了中唐、晚唐和五代時的壁畫[70]。因爲莫高窟裡的許多牆被畫過不止一次，用這種剝離的方法

68　見黃文煥，〈河西吐蕃文書簡述〉，《文物》1978年第12期，頁59-63。

69　見《文物》1978年第12期，頁47-56。

70　見《文物》1978年第12期，頁41-46。

將使敦煌壁畫的總數大量地增加，對於這一點應不足爲怪。

由於我們是首批來敦煌的美國官方代表團，常教授請我們在離開莫高窟之前，將姓名寫在研究所的貴賓簿上。我們和主人拍了幾張照片。代表團團長余英時被邀請寫一中文詩詞以誌紀念：

調寄西江月
初訪鳴沙山下，
莫高藏寶無窮。
漢唐藝術有遺蹤，
文化東西並重。[71]

10月30日，星期一，回蘭州途中

早上4:30左右，我們起身去柳園趕8:10的火車。氣溫很低(-5℃)，凍得人難以忍受。我們在模糊不清的黑暗中駛過沙漠，只有東方一輪朦朧新月爲我們照明。7:00過一點，我們到達車站，馬上被領進兩間有爐子的接待室。由於刹車出了點小問題，火車直到8:40才開。這又是一段二十四小時的旅程。下午1:00我們正吃午飯時，火車駛入最高點。突然，在鐵路的北邊，我們看見一個塔和從它那兒延伸開去的一段土牆。那就是著名的嘉峪關，明代長城的最西端。我們中一些人居然抓拍到幾張照片，而此時火車正全速前進。

71　編按，詩詞回譯不易，幸好余英時先生25年後還能由英文回憶起原詞，特致謝意。

10月31日，星期二，蘭州

　　大約早上8:00，我們到達蘭州。在火車站，我們受到甘肅省社科院書記朱瑜先生、甘肅省歷史學會會長兼蘭州大學歷史系主任金寶祥先生和甘肅省博物館館長吳怡如先生的迎接。接著我們被送到友誼飯店，這是座十一層的現代建築。我們原計畫在蘭州只停留一天，但不得不滯留到11月3日，因為直到那一天才有去長沙的飛機。我們也曾打算坐火車去長沙，但又因為火車臨時中斷服務而不能成行。

　　下午2:0，我們參觀了正對我們飯店的甘肅省博物館。博物館收藏了本省大量的人工製品。展出的新石器時期的陶器是極好的，範圍涉及甘肅仰韶階段各個時期的製品。除了分布圖、碳14的年代表外，給人印象特別深的是來自於武威的漢代牛車木刻。漢代（大部分為西漢晚期和東漢早期）的木質隨葬品，在博物館的收藏中扮演著凸出的角色。博物館的人認為，這一帶漢墓中出現大量的木雕是因為乾燥的土壤使得保存它們成為可能。博物館裡展出了漢代木簡的樣品，包括10年前在武威發現的著名的《儀禮》簡。

11月1日，星期三，蘭州

　　早上8:30，我們第二次參觀博物館。我們首先驚訝地發現，嘉峪關5號墓已被移進博物館，並按當初發現它的樣子重建。據館長說，這項工作花了一年時間才完成。據我們所知，最初在嘉峪關總共發現了8個墓。1972至1973年對這些墓進行了發掘。1972年，墓被誤定為東漢墓。但在1974年，年代被精確地推算到魏晉時期。這些墓尤以生動的畫像磚聞名。1號墓的主人名叫段清，他顯然是來

自於這一時期河西地區很有勢力的段氏家族[72]。畫像磚的複製品參加了1976年的「漢唐壁畫」展，到美國展出過，因此無須在此介紹。然而應順便提到的是，最近中國的藝術史家開始探尋魏晉墓壁畫(包括嘉峪關的那些壁畫和1977年在酒泉丁家閘發現的墓畫)對敦煌石窟早期繪畫可能產生的影響[73]。過去只注意到偉大的敦煌藝術受到印度的影響，而未同時留意到魏晉時代本國傳統的影響，這一看法也許會被認為是片面的。

　　大約10:30，我們和以岳邦湖先生為首的當地考古學家開了個會，討論最近在居延發現的漢簡。岳先生報告說，在1973-1974年的發掘工作中，總共發現了20,000多支木簡。它們來自於三個不同的遺址：1.甲渠候官(也被稱為破城子，超過7,000支)；2.肩水金關(超過11,000支)；3.酒泉候官的第四烽火台南。特別重要的是捆扎在這些木簡中的許多長文書，已發表的報告中對它們有詳細的報導[74]。概括說，它們包括四大類：

　　1.政策法令和重要事件。

　　西元前52年的一份寫在三支簡上的文件，涉及廣陵王叛亂的事，可以用它來補充《漢書》中對此事件的敘述。另一份西元30年的文件透露了漢代對河西地區附屬國的政策。根據此政策，禁止對納貢人進行勞役、家畜和土地方面的剝削。而且，「秦胡」一詞說明這個地區的一些漢族人可能在秦末曾加入匈奴。

72　見《文物》1972年第12期，頁24-46；1974年第9期，頁55-70。

73　見張朋川，〈河西出土的漢晉繪畫簡述〉，《文物》1978年第6期，頁59-71，以及段文杰，〈敦煌早期壁畫的民族傳統和外來影響〉，《文物》1978年第12期，頁9-20。

74　《文物》1978年第1期，頁1-11。

2.有關邊塞系統的活動可以進一步劃分爲：

(1)像在其他東漢文件中描述的防禦系統一樣，用各種各樣的烽火標記報告匈奴的入侵。

(2)邊塞官吏的任免。

(3)軍事獎懲條例。

(4)日常的邊塞事務和公文，如修建城堡、官奴婢的通行證、病假條，等等。

(5)各種登記表，包括人員、武器、薪水、糧食等的登記。

(6)法律報告（爰書），比如西元27年的一份書寫在三十六支簡的文件，是所有文件中最長的。它是一份包括債主（栗發或粟發）和債務人（寇恩）的法律訟案的完整報告。毫不誇張地說，這個文件對於我們理解漢代法律制度有重要的意義，因爲我們首次詳細了解法律訴訟是如何歸檔、審判和判決的[75]。

(7)有關邊塞勞役、軍事設施、烽火台的名稱和地點的文件，有關驛站、徵兵、稅收、商品交易、雇傭情況等的記錄。

3.書簡資料，包括有關算術、《論語》、醫學、曆法、天文和地理等著述的殘篇（一支簡記錄著從長安到河西的距離以及途經的驛站）。

4.注明了時間的文件。1,222支簡注明了時間，其中最早的是西元前119年的一支。從昭帝（前86-前74）時期到王莽時期，都有連續的時間標注。東漢初年（23-？）的木簡所顯示的紀年非常混亂，一些木簡沿用隗囂統治的年號，諸如「復漢元年」，即西元23年。

75　整個文件的整理和研究，見《文物》1978年第1期，頁30-31，以及俞偉超，〈略釋漢代獄辭文例〉，同上，頁35-41。

(這與《後漢書》中給出的統治年號有區別,《後漢書》中是「漢復」。)一些甚至沿用赤眉軍的統治年號,如「建世二年」,即西元26年。還有另一種沿用西漢平帝的統治年號,如「元始廿六年」,即西元26年,而這個年號並不存在。

下午,我們先被帶去看了一個工藝品商店,接著去了五泉公園。公園裡保存了一座以前的寺廟,寺廟的建築可以追溯到明代。公園的管理者尹建鼎先生在山頂的接待室裡向我們簡介了有關這個地方的情況。我們最後去了公園附近的動物園,動物園位於山坡上。

11月2日,星期四,蘭州

我們用整天時間參觀了劉家峽水電站。劉家峽建在蘭州西南70多公里外的黃河上。在兩個小時的路程中,我們大多數時間行駛在盤山公路上。我們穿過了一個非常狹窄的峽谷,峽谷兩旁是高聳的懸崖和群山,它們呈階梯狀向上聳立,直達頂峰。

11月3日,星期五,蘭州至長沙

上午10:15,我們離開飯店去機場。機場位於城外72公里處平坦的河谷裡,河谷在黃河以北的遠處。但當中午我們到達機場的時候,卻被告知航班再次推遲,因為西安的天氣很糟,而我們的飛機要在那兒停留、搭人。下午4:00,我們的飛機終於起飛。雖然霧很大,但飛機平穩地降落在西安。晚7:00,飛機再次起飛,8:45到達長沙。我們照例在機場遇見了當地的主人。他們是湖南省哲學社會科學研究院副院長方平先生和同一個研究院的顧群先生。我們下榻的湘江賓館是一座新建的飯店,有現代化的設施。從蘭州到長沙,

氣候形成鮮明的對比，看見蚊帳掛在我們的床上，我們感到很新奇。

11月4日，星期六，長沙

8:30，我們離開飯店去省博物館。不幸的是博物館的主體建築因修繕而關閉，但我們能去看馬王堆展，尤其是看從1號墓裡出土的令人驚訝的人工製品。我們都或多或少地通過出版物對這些發現有所知曉，但觀看原件是種完全不同的體驗。例如，三口棺木上漆出來的精緻圖案，實際上是凸出於棺材表面的三維淺浮雕，這在照片上是根本表現不出來的。漆器給人印象特別深刻，看了原件後，沒有人會不同意如下的論述：這些漆器「是中國迄今出土的西漢漆器中，數量最多，保存最完好，並且在器皿的樣式上最富於變化的一組」[76]。毫不誇張地說，來自於馬王堆的漆器幾乎使較早在樂浪和諾顏烏拉引起轟動的發現失去意義。展出的其他人工製品包括木雕、石弓、樂器(如琴和笙)、陶器、一套雅緻的用於六博遊戲的漆器(3號墓出土)、美麗的紡織品與繡品等等。然而展覽只展出了那幅著名的有關靈魂升天的帛畫的複製品，原件保存在北京的故宮博物院。我們接著去地下室看保存得很好的軟侯夫人的屍體。她獨自占據了一間屋子，而其重要器官則保存在隔壁房間的玻璃容器裡。有趣的是，在她五十多歲死的時候，戴著假髮。導遊告訴我們這個秘密是如何被揭開的，因為分析顯示她的血型是A型，而假髮是一個B型血型的人的。從那裡我們被帶去看龐大的外槨，它們來自於

76　湖南省博物館和中國社科院考古研究所編《長沙馬王堆1號漢墓》(英文摘要)(北京：文物出版社，1973)，頁5。

1號和3號墓,由巨大的厚杉木板製成,沒有使用釘子。

簡單地瀏覽了博物館的商店之後,我們駛向城邊的馬王堆原址。1號和2號墓已被填埋,3號墓(兒子的墓)一直保持著它在新建的屋頂下被發掘時的樣子。坑深13米,坑壁是陡坡,接近坑底的地方有架子。

在博物館裡的時候,主人告訴我們,他們準備出版一份完整的報告,報告三個墓的出土製品和遺物,包括破損嚴重的第三張地圖,即北京的學者認為無法出版的那張。博物館有二十多個考古學家,他們的足跡遍及整個湖南省。到目前為止,發現了大約1,000個漢墓。據當地考古學家說,漢墓和楚墓形式上的差異很小,但成熟的漢墓和早期的楚墓在形式上有區別。

下午,我們先參觀了湖南瓷器展,接著訪問一個工廠。工廠裡各種年齡層次的婦女從事設計和製作絲綢繡品的工作,作品最有趣和耗時最多的是那種雙面繡。我們最後去了前耶魯在中國的醫學中心,現在那兒已變成了湖南醫學院的校園。

下午6:30,為了表示對我們的敬意,以當地專家的名義舉行的宴會設在我們下榻的飯店。

11月5日,星期日,長沙至昆明

我們原打算在11月4日下午到昆明,但我們的航班又因霧而延期。北京的主人告訴我們,昆明方面的人已到機場迎接代表團,自然是白跑了一趟。

早8:30,我們過湘江,去著名的岳麓山,那裡有許多具有歷史意義的遺迹。山腳下有池塘、柳樹和愛晚亭。我們得知,參加革命之前,年輕的毛澤東常到這裡來欣賞亭子周圍的景色。亭子最初叫

紅葉亭，因秋天艷麗的楓葉而得名。詩人袁枚(1716-1798)爲它取了現在的名字，名字源於杜牧(803-852)的名句「停車坐愛楓林晚，霜葉紅於二月花」。我們從愛晚亭上山，途經黃興和蔡鍔的墓，半路上在一座寺廟稍作停留。據導遊介紹，早在西元269年，這座山上就有了湖南的第一個寺廟。最後我們到達山頂，在一座綜合大樓的接待室裡休息了三十分鐘，不幸的是我們的視線被早晨的濃霧遮擋。

從某方面來說，岳麓山是過去17個世紀裡中國歷史的縮影。它是3世紀至唐代佛教的一個基地。在宋代，它成爲理學的一個重要中心，在著名的岳麓書院，朱熹與湖南的哲學家張栻探討自己的中和理論。據導遊介紹，現在還有朱張路。到了清代，這裡成爲一些文人(比如袁枚)所喜愛的地方。20世紀，現代革命家如黃興、蔡鍔和毛澤東經常光顧這裡。我們短暫的長沙之旅選擇這裡作爲終點，實在是很恰當的。

12:40，我們乘坐一架雙引擎的小飛機前往昆明，途中在貴陽停留了30分鐘，我們於下午5:50到達昆明。天氣很好，怪不得昆明被稱爲「春城」。一隊當地主人第二次到機場迎接我們，他們是雲南省科學技術委員會副主席于馥亭先生、雲南大學歷史系主任張德光先生、雲南省博物館負責人張增祺先生、雲南省外事辦的王家壽先生和鄧文莊先生。我們隨後沿著綠樹成蔭的大街行駛，來到一家略有些舊、但很宏偉的賓館。賓館的地面是用雲南著名的大理石鋪成的。

晚飯後，我們在飯店裡看了兩部電影。第一部介紹植物研究所，影片展示了中緬邊境中國境內豐富的亞熱帶植物和森林資源。第二部名叫《五朵金花》，講述了一個健壯小伙子和一個美麗姑娘

之間的愛情故事,他們兩人都是雲南的原住民。兩部電影都拍於
1950年代末。

11月6日,星期一,昆明

早8:30,我們動身去雲南省博物館。在那裡受到張增祺先生和
八位博物館職工的接待,他們是熊瑛先生、闞勇先生、王大道先
生、熊永忠先生、張瑛華先生、李偉卿先生、姜恆德先生和李榮先
生。博物館由文物組、圖書館、保存部和展出部組成。展出範圍從
舊石器時代到新石器時代再到青銅時代。博物館以藏有大量青銅鼓
而知名。這些青銅鼓和廣西的一起,已成為許多專題論文研究的對
象。來自晉寧石寨山、江川李家山等著名遺址的青銅器樣品正在展
出。雲南發現的青銅器很重要,因為它們代表滇地的非華夏文化。
青銅工藝給我們的印象十分深刻。戰國時期家畜(豬、狗、雞、
羊、母牛)的模型似乎說明滇人很早就過著定居的生活。其他的動
物包括蛇、公牛、虎和野豬,特別是蛇和公牛。我們的注意力放在
了石寨山發現的青銅鼓上。青銅鼓上描繪了大群的人和動物開戰,
人的祭品和蛇圍繞著陰莖狀的神壇。展覽不包括漢代以後的人工製
品。

從上午10:30到大約12:00,我們和博物館的考古學家在接待室
裡進行了討論。討論的話題包括:在滇文化中可能有蛇崇拜;滇文
化與中國外的其他地域文化的關係,特別是與越南文化的關係;昆
明一帶政治和文化的漢化過程,等等。

下午,我們去了城西的西山,它瀕臨滇池。我們爬了許多很陡
的階梯,來到龍門。一條狹窄的過道從堅硬的岩石中劈出,一直通
向靠近懸崖頂上的一座道觀。在這個有利地勢上,我們屏住呼吸,

俯瞰山外的湖泊和田野。返回的路上，我們在一個名叫三清閣的平臺上愜意地休息了一會兒，那裡有茶供應。我們也參觀了太華寺和華亭寺兩個寺廟，華亭寺裡巨大的佛像和五百羅漢保護得較好。

晚上，我們出席了于馥亭先生和省外事局副局長林涌一先生主持的宴會。

11月7日，星期二，昆明至成都

早上，我們首先訪問了兩所大學。在雲南大學，我們和以副校長趙季先生為首的教職工開了個會(教職工都來自歷史系，他們是方國瑜教授、尤中副教授、張德光教授兼系主任、馬曜教授、蔡葵講師和鄒啓宇副教授)。大學創立於1922年，現有2,400名學生和650名教師。雲南大學有九個系，分為自然和人文兩大學科。自然學科包括數學、物理、化學、生物和地理，人文學科包括中文、外語(包括英語、俄語和法語)、歷史和政治。在人文學科中，西南邊疆民族史、雲南現當代史、宋史、唐宋經濟史、雲南民族學和民間文學受到重視。歷史系有190名學生和45名教師，有通史和雲南少數民族史兩個主要的專業。接著我們參觀了歷史閱覽室，閱覽室有10,000多冊藏書，工作人員向我們展示了《中國歷史地圖集》中的四卷(第一、第二、第三和第八卷)，這套地圖集於1954年由地圖出版社出版，只供內部交流。

接著，我們訪問了昆明師範學院，它建在西南聯大的原址上。我們受到兩位副校長王雲先生和盧俊先生的接待。學院最初作為聯大的一部分，創立於1938年。1946年聯大的三所大學(北大、清華和南開)各自返校後，學院擴大並占據整個校園。現在它有1,655名學生和400名教師。所有的建築都是1946年以後修建的，只留下了

一間前聯大的教室作爲紀念。最後,我們向聞一多表示敬意,結束
了在這個校園的訪問。由於政治的原因,聞一多這位著名學者和詩
人1946年遭到國民黨殺害,這兒有他的衣冠墓。聯大爲了紀念聞一
多,1946年在聞一多衣冠墓旁立了一塊紀念碑,碑文由馮友蘭撰
寫。

　　從那裡我們去了滇池旁的大觀樓。大觀樓最初建於1690年,現
在成了一個美麗大公園裡的主角。公園裡有湖,有彩色的建築。大
觀樓特別有名的是它的長聯,上下聯各180個字,它們珠聯璧合。

　　下午3:00,我們乘坐英國製造的三叉戟離開昆明,一小時後在
成都著陸。我們依然在機場遇到了我們的當地主人。他們是省社科
院副院長林超先生、研究員楊偉立先生、歷史所所長余南洲先生、
省外事局的蘭成章先生和陶西南小姐,以及省博物館館長謝雁翔先
生。

　　晚上,我們被帶去看一齣川劇。這是一個典型的才子佳人的愛
情故事,有著快樂的結局,劇名爲《御河橋》。主要劇情是男主人
公在殿試中取得成功,觀眾們表現出非常滿意的神情。

11月8日,星期三,成都

　　上午,我們去了四川大學。它是中國的一所一流大學。一到四
川大學,我們就被引入一間大接待室,在那裡我們與學校的管理者
以及來自歷史系、中文系和哲學系的教職工開了一個討論會。出席
會議的校方成員有:副校長許琦之先生、歷史系教授徐中舒先生、
歷史系教授繆鉞先生、中文系教授兼系主任楊明照先生、中文系負
責人趙邁生先生、哲學系講師賈承先先生、歷史系講師羅世烈先
生、歷史系講師馬齊賢先生、校長辦公室陳東明先生、人文學科部

辦公室負責人李安蘭先生、校圖書館負責人曾雙女士。通過副校長的簡介和接下來的問答，我們可以了解到四川大學在漢代研究領域的教學和科研活動的大致情況。

學校創建於1905年，1927年定名為四川大學。它分為人文和自然兩大學科，總共有十個系。目前大約有1,200名教師和3,000名學生，其中大約300名教師和1,000名學生屬於人文學科。人文學科有五個系，總共九個專業，它們是：

1.中文系：一個中國語言文學專業
2.歷史系：一個歷史學專業和一個考古學專業
3.哲學系：一個哲學專業
4.經濟系：一個經濟學專業和一個政治經濟學專業
5.外語系：英語、俄語和日語三個專業

歷史系有61名教師(5名教授、1名副教授，其餘為講師)、450名學生(260人讀的是最近恢復的四年制，其餘讀的是二年制)和11名研究生。歷史學專業的必修課是中國古代史、中國近代史、世界史(進一步分為古代、中古、近代和當代)、政治、外語(英語或日語)和歷史文選。考古學專業的必修課是中國通史、黨史、政治經濟學、哲學、考古學概論(進一步分為原始、奴隸和鐵器時代)、古漢語和外語(英語或日語)。中國古代史專業有19名教師，考古專業有10名教師。一名歷史系的學生頭兩年的時間將花在歷史或考古的專業領域上。畢業課程才剛恢復，外語(英語或日語)受到強調，因此學生將能看得懂相關專業的國外文獻。兩年的學習之後，畢業生將參加教育實習或撰寫一篇論文。此外，也提供純人文學科、建築學和田野考古方面的高級培訓課。1,200名教職工可以劃分為兩類，有些人(占大多數)精力集中在教學上，有些人(大多數是超過

了退休年齡的老教師)主要熱衷於研究。我們中有幾個人很高興見到徐中舒教授(80歲)和繆鉞教授(78歲)。徐中舒教授是研究商周史的權威,繆鉞教授是研究南北朝史的一流專家,繆是哈佛大學楊聯陞教授的內兄和以前的老師。

1949年以來,學校得到很大擴展。圖書館的占地面積由30,000平方米增加到200,000平方米,藏書從200,000冊增加到1,700,000。會後我們參觀了圖書館。在那裡,工作人員向我們展示了部分善本書籍,其中包括一套未出版的清代乾隆(1736-1795)年間四川城市和府縣的彩色地圖,一部1613年版的《三吳水利便覽》(三吳即蘇州、常州和湖州)。此書是最近在明代墓中發現的,我們得知,這可能是現存唯一的版本[77]。

最後,我們參觀了學校博物館。博物館的面積有1,000平方米,展出分為五部分:歷史文物、繪畫書法、石刻(從漢到唐)、民間藝術和革命史料。由於時間關係,我們只看了前三個部分。收藏品在表現四川地方文化方面,確實做得非常好,特別是雕刻和繪畫藝術品。實際上這個博物館屬於華西大學,1949年華西大學被解散之後,除了醫學院,其餘的併入四川大學。博物館的專家非常慷慨地允許我們為人工製品拍照。

離開四川大學時,我們心中留下了一個印象:四川大學是中國高等教育領域最富活力的知識中心之一。

午飯後,我們去了省博物館。這個博物館以收藏漢代人工製品而出名,尤其是漢代的畫像磚,畫像磚描寫了神話以及日常生活的

77　見張勛燎,〈四川理縣出土的一部明代水利著作——童時明的《三吳水利便覽》〉,《文物》1974年第4期,頁76-77。

景象。展品中也有新出土的文物，比如1977年從峨嵋縣雙福公社發掘出來的一組石雕。這些石雕比較大（18至24英寸），是從淡紅色的沙岩上鑿下來的，表面有非常粗糙的紋理。另外還有用同一處岩石製作的灌溉田模型，模型分為三部分，也是出自峨嵋。新發現的幾塊石刻版印掛在牆上。經過副館長的特許，我們可以拍攝其中的兩塊。其他有趣的人工製品包括一批珍貴的青銅武器和許多瓦當。

下午4:00，我們離開博物館，去參觀著名的草堂，唐代偉大的詩人杜甫(712-770)曾在那裡住過。由於安祿山的叛亂，759年，詩人來到成都。他先住在成都郊區浣花溪的一個寺廟裡。760年春天，在他的堂兄弟和其他一些朋友的慷慨幫助下，他建了一所叫「草堂」的房子，在那裡一直住到763年。因為在他的詩中多次提到草堂，所以草堂在中國文學史上永垂不朽。但我們參觀的草堂是在清代重建的，是否建在詩人房屋的原址就不得而知了。因為早在南宋，陸游(1125-1210)就弄不清它的確切位置。儘管如此，可以穩妥地說，在杜甫的詩裡，他的住所就在寺廟附近。我們所見的建築和公園基本完成於1800年，但它們看起來保存完好。公園很美，到處是竹林、古樹，山石藝術地點綴其間，鮮花（尤其是菊花）裝飾著蜿蜒的小路——杜詩中提到的「花徑」。後面是一個紀念廳，廳內展出著一個理想化的杜甫像，和它在一起的還有黃庭堅(1045-1105)和陸游的像。和杜甫一樣，黃和陸多年旅居成都。

晚上7:00，我們出席了當地主人在飯店舉行的宴會。

11月9日，星期四，去灌縣參觀

安排一整天參觀灌縣著名的都江堰灌溉工程。灌縣位於成都西北六十公里處。上午10:00左右，我們到達伏龍觀。旁邊的水渠稱

為寶瓶口，傳說在秦代蜀郡太守李冰(前250年左右在位)的指揮下，人們從堅硬的岩石中開鑿出這條水渠，引岷江主河床的水灌溉農田。伏龍觀的前廳裡樹立著李冰的紀念像，像的年代為西元168年，1974年發現於河床裡。工作人員為我們講解了水利工程，彩燈連綴成的示意圖不斷地閃爍著，描繪著水渠和新灌溉區域的輪廓。目前，工程覆蓋了以成都為中心的整個四川境內大約十分之一的土地。聽完講解，我們從不同的角度觀察了這個工程。在靠近寶瓶口的地方，有一個狹長的人工島將岷江劈成若干水道，一條水道用於灌溉。據說人工島也是由李冰發起修建的。參觀伏龍觀後，我們乘車去靠近人工島的地方。那裡有一座吊橋，最初用竹子作為建築材料，現在代之以鋼絲繩。從橋上看灌溉工程，看得更清楚。最後，我們探訪了二王廟。這是一座宏偉的複合式建築，建在美麗如畫的岷江南岸陡峭的山腰上。「二王」指的是李冰和他的第二個兒子「二郎」，但這是一個歷史與神話混合的典型。在最早的資料(如《華陽國志》中的〈河渠志〉)中，沒有一處提到李冰的兒子協助他修建這個灌溉工程，直到南宋才有學者(如朱熹)開始談到李冰的兒子。現代學者令人信服地說明二郎是來歷不明的神話人物，很可能是羌人或氐人的牧羊神。然而在家喻戶曉的傳說(如《封神演義》)裡，二郎不姓李而姓楊。在唐宋之際，他搖身一變，成了中國歷史上著名的水利工程師和管理者[78]。

二王廟周圍環境優美，岷江和青城山壯麗的景色盡在眼前。我

78 見李思純，〈灌口氏神考〉，《江村十論》(上海人民出版社，1957)。與之有關的不同意見，見黃芝崗《中國的水神》第4章，上海生活書店，1934年；楊向奎，〈李冰與二郎神〉，《責善半月刊》1940年第19期，第1卷。

們坐在陽臺上喝著茶,四周一片寧靜。我們出去的時候,看見當代
李冰和二郎的新塑像以革命的姿態展現在人們面前。經過詢問我們
得知,在「文革」中,這兩座塑像和其他寺廟裡的塑像遭到了同樣
的命運。

參觀了二王廟,我們乘車去灌縣「革命委員會」,那裡已為我
們準備了一頓豐盛的午餐。廚師在當地很有名,曾為多年以前參觀
此地的毛澤東主席掌勺。

回成都的途中,我們在城郊的武侯祠停留了一下。武侯祠的歷
史可以追溯到唐代,從杜甫的一首詩裡可以清楚地知道。現在的建
築建於1672年。祠內有大量清代的塑像,包括了劉備朝中所有重要
的文臣武將,也就是武侯諸葛亮(181-234)的同事。武侯祠的旁邊
是劉備的惠陵。但我們的當地導遊不能完全確定劉備確實埋在這
裡。最初這裡是劉備昭烈廟原址。但不久武侯祠建在它旁邊,皇帝
逐漸被丞相的名聲所掩蓋,如今昭烈廟的名字已無可救藥地被人遺
忘。

11 月 10 日,星期五,成都至北京

離開成都前,代表團的部分成員欣賞了田園風光,一名成員陪
羅伊去原華西大學看他在戰爭時期的房子,有幾個人在城裡逛街和
購物,杜爾回到四川大學和歷史學家們交談。

按原先的旅行路線,代表團將分成兩組,一組去北京;一組飛
往南京,在那裡待兩三天。然而,兩天前就知道沒有成都飛往南京
的機票了。於是決定全團人員在當天前往北京。由於飛機延遲,當
我們在北京飯店改建了的西廂房住下時,已過了午夜。

11月11-17日，北京

在北京的最後一個星期裡，我們的主要時間用在與中國學者探討問題，或參觀與研究興趣有關的地方上。活動單獨進行或分小組進行，這是我們大家所希望的，因為代表團的成員來自不同的學科，並且除了對漢代的共同興趣外，研究的是不同方面的中國史。下面只記錄了部分活動。

11月12日，列在我們早晨時間表上的是中國歷史博物館的周恩來生平事　展。午飯後，我們又很快地參觀了毛澤東紀念堂。從那裡我們乘車去天壇。

11月13日上午，梅僑與中國科學院自然科學史研究所所長席澤宗博士會談了兩個小時。席博士講述了一些從事漢以前和漢代中國科學史研究的學者的工作情況。他們從中國古代科學史的角度，討論了馬王堆3號墓出土的帛書，特別討論了天文學、陰陽五行的宇宙論，以及同一個墓裡發現的六博棋盤所暗示的宇宙觀。席博士也提到最近在湖北省所發現的另一個楚國重要文物，初步的報告將在近期的《文物》上發表。最後，席博士介紹了所裡的編制和研究工作，並透露《天文學史期刊》即將創刊的消息。

下午，黎格、布格和梅僑去北京大學和朱德熙教授交談。朱德熙介紹了馬王堆研究小組的構成情況，小組的主要任務是將帛書中的古文字轉化為現代字，並謄寫下來，但不研究內容。所以小組成員的專業主要包括語言學、古文字學和歷史學，不包括哲學史。朱博士接著談到馬王堆帛書的字體，其中有些是篆書，有些是隸書。這說明在帛書抄寫的時代裡，篆書還未被很好地理解，一些帛書將篆書轉化為隸書抄寫下來。根據朱的觀點，這是不必要的，因為隸

書是楚地的字體,而篆書是北方的字體。戰國時期楚地也使用篆
書,雖然在形式上與北方的不同,楚地的篆書多變、不規則,難以
辨認。他認為這是年代的問題。秦統一中國後,篆書被隸書取代,
而在馬王堆墓屍體下葬時,篆書已停用。

比倫斯坦和布德去了香山公園、碧雲寺和臥佛寺,花了一天時
間。

晚上,代表團觀看了郭沫若改編的歷史劇《蔡文姬》,戲的舞
臺布景很豪華。

11月14日,代表團中的大多數成員用一天時間遊覽了長城和明
代皇陵,杜爾留在北京和歷史所的史學家們交談。我們參觀的那段
長城位於八達嶺,那裡距北京有兩小時車程。我們攀登和拍照,呆
了大約一個半小時。中午,我們在古代商道上的關口居庸關停留了
一下。這個地方最有趣的景點是元代修建的一個牌樓,牌樓有顯眼
的石浮雕以及由蒙、漢、藏、回鶻和突厥幾種文字組成的石刻銘
文。日本和西方專家對此銘文有翻譯和研究[79]。我們在永樂皇帝
(1402-1424)長陵門外的接待廳裡吃了盒飯。長陵還未被挖掘。遊
覽了長陵之後,我們來到萬曆皇帝(1572-1619)的陵墓。這個陵墓
已被挖掘。我們首先參觀地面上的展廳,看了金銀器、木雕、衣
服、皇冠和其他的物品。接著走進墓室,參觀了皇帝和他兩個妻子
的棺木,棺木很大,是複製品。5:20,我們回到飯店。晚飯後,我
們被帶去看京劇《霸王別姬》和《挑滑車》。兩個節目都以傳統的
古典形式演出,可見中國的劇院似已終於從江青的八個革命現代樣
板京劇的束縛中解放出來了。

79　見村田治郎,《居庸關》,2卷本(京都,1957)。

　　11月15日一整天，應我們主人的邀請，代表團在飯店裡向大約
六十位中國學者講述了美國漢代研究的狀況。大多數聽眾來自中國
社科院，也有來自北京大學、中國人民大學和文物局的學者。會議
由夏鼐與美國方面的余英時(上午)和張光直(下午)主持。余英時首
先介紹了美國在這一領域裡研究的概況，包括招募人員、基金、資
料分布、出版等等。接著代表團其餘成員報告了各自研究所裡的工
作情況。聽眾似乎聽得很專注，但提問很有限。

　　晚上，代表團在北京烤鴨店舉行了答謝宴會，感謝中國主人的
殷勤接待。于光遠先生是宴會的嘉賓，唐蘭教授和瞿同祖教授也出
席了宴會。

　　11月16日，代表團幾乎所有的成員都去了頤和園。

　　11月17日下午，代表團分兩組離開中國。比倫斯坦、黎格、羅
伊去廣東和香港，其餘的人乘日本航空公司的班機飛往東京。

　　(據 "Daily Activities and Disscussions," in Ying-Shih, ed., *Early
Chinese History in the People's Republic of China, The Report of the Han
Dynasty Studies Delegation October -November* 1978. Seattle: School of
International Studies, University of Washington, 1981, pp. 19-68譯出。)

附註：關於漢代研究訪華團及其報告的說明

　　這是余英時先生作為1978年美國漢代研究訪問中國代表團團長
執筆寫的總報告，以及代表團每日活動和討論的分報告。

　　負責組織、協調並全程隨行這次訪問的美國對華學術交流委員
會(Committee on Scholarly Communication with the People's Republic
of China National Academy of Sciences)官員特安吉利思(Alexander

DeAngelis)在整個報告的前言講,隨著1972年中美關係發生歷史性變化後,中美學術交流開始進行。但由於機構與政策各方面原因,學術交流主要限於自然科學與技術領域,社會科學與人文學科很少。1977年上半年,中國社會科學院成立,極大地促進了中美之間社會科學和人文學科的交流,1977年冬天,中國社科院已同意邀請首批非社會主義的西方國家代表團到訪。正是在這種背景下,美國對華學術交流委員會組織了這個漢代研究代表團在1978年秋天訪問中國,為期月餘。

漢代研究代表團以西元前300年到西元300年這一時期的中國文化為關注範圍,但為了考察整個「漢世」的歷程,所以在時間上有所超出漢代(前206-前220)。

代表團共12人,名單如下:

Ying-shih Yu 余英時,團長

Department of History, Yale University, New Haven, Connecticut

Hans Frankel 法蘭克,副團長

Department of East Asian Languages and Literature, Yale University, New Haven, Connecticut

以下以姓氏字母為序:

Patricia Berger布格

Department of Art History, University of California, Berkeley, California

Johann (Hans) Bielenstein 比倫斯坦

Department of East Asian Languages and Cultures, Columbia University, New York, New York

Derk Bodde 布德

Department of Oriental Studies, University of Pennsylvania, Philadelphia, Pennsylvania

Kwang-chih Chang 張光直

Department of Anthropology, Peabody Museum, Harvard University, Cambridge, Massachusetts

Jack Dull 杜爾

China Program, The School of International Studies, University of Washington, Seattle, Washington

John S. Major 梅僑

Department of History, Dartmouth College, Hanover, New Hampshire

Jeffrey Riegel 黎格

Project for the Study of Chinese Archaeological Materials, Stanford-Berkeley Joint East Asia Languages and Area Center, University of California, Berkeley, California

David Roy 羅伊

Department of Far Eastern Languages and Civilization, University of Chicago, Chicago, Illinois

Douglas Spelman 斯佩曼

U. S. Department of State, Washington, D. C.

Alexander P. DeAngelis 特安吉利思，秘書

Committee on Scholarly Communication with the People's Republic of China National Academy of Sciences

整個報告分為六章：

第一章，由余英時執筆，標題是〈十字路口的中國史學〉，概

括地反映了正當他們訪問時中國知識界的氛圍，並爲後面的報告定了基調。在這一章裡，余教授探討了知識界掀起的以「反歷史影射運動」和「思想解放」爲主題的重要思潮，並聯繫了他個人與歷史學家的談話以及自己的觀察。

第二章是一份有關代表團活動、考察和討論的逐日報告。代表團的每個成員交出他或她的單獨活動的報告，由余英時將這些報告融入全面的總結和日記裡。此外，爲了向西方學術界更仔細、全面地介紹中國學者的研究，余英時以有關「漢世」的出版物和理論爲背景，將訪問中收集到的信息寫進報告中，所引用和參考的二百多種原始材料和研究成果，大部分是中國的。

其餘幾章分別是：

第三章，杜爾，〈與漢史歷史學家的討論〉

第四章，張光直，〈考古學〉

第五章，梅僑，〈博物館和科學史研究〉

最後還有四個附錄：

1.中國歷代紀元表

2.代表團活動日程表

3.代表團所見到的中國學者與行政人員名單

4.中國社會科學院所機構與領導

中國史學的現階段：反省與展望[1]
（1982年）

在中國的學術傳統中，史學一向是最光輝的一門學問。但時至今日，史學在中國竟大為衰落了。必須指出，現代中國史學的衰落並不是一個孤立而凸出的現象；實際上它只是整個學術荒蕪的一個環節而已。在過去五六十年中，撇開自然科學不說，社會科學與人文學科都不曾在中國獲得充分發展的機會，而最能夠提高一般人的思想水平的哲學在研究與教學方面也始終停留在起步的階段。史學為綜合貫通之學，必須不斷而廣泛地從其他學科中吸取養料。在這種情形下，現代中國史學之不振可以說是毫不奇怪的。但是比較而言，由於傳統憑藉的深厚，在現代中國的一切學科之中，史學仍不失為較有成績的一支。

1　原編註：本文譯自一批青年史學工作者獨立刊行的《史學評論》（台北，1979年7月）的「代發刊詞」。此文採用了他們的論點，並初以為「發刊詞」的，故稱以「我們」。但是本文既由余教授執筆，便不必然反映刊物編者的所有觀點，故決定以作者個人的名義發表而標以「代發刊詞」。英文中的小標題係譯者加上的。

編按，在英譯本附語中，余英時先生對該文的英譯給予了高度評價，但同時表示，他意識到漢語寫作完全轉換成英文時，有些話便不必講，許多話換種表達更貼切，因此在英文發表時他作了刪節和部分改寫，並加上了全部注釋。編者將此文收入本書時，相同部分照引中文原作，不同部分則據英文本譯出。

　　在現代中國史學的發展過程中，先後曾出現過很多的流派，但其中影響最大的則有兩派：第一派可稱之爲「史料學派」，乃以史料之搜集、整理、考訂與辨僞爲史學的中心工作；第二派可稱之爲「史觀學派」，乃以系統的觀點通釋中國史的全程爲史學的主要任務。從理論上說，這兩派其實各自掌握到了現代史學的一個層面：史料學是史學的下層基礎，而史觀則是上層建構。沒有基礎，史學無從開始；沒有建構，史學終不算完成。所以史料學與史觀根本是相輔相成，合則雙美，離則兩傷的。但是在實踐中，中國現代的史料學派和史觀學派由於各趨極端，竟不幸而形成了尖銳的對立。史料學派鄙史觀爲空中樓閣，而史觀學派則又譏史料學爲支離破碎，不認大體。

　　我們不能在此對史料學派與史觀學派的得失展開全面的評論，但是我們必須指出，這兩派在現代中國史學史上所產生的某些流弊依然在泛濫中。因此對這些流弊略加檢討，以爲今後史學發展的借鑑，是有其積極意義的。

一、史學中的客觀與主觀

　　史料學派的最大特色在於他們的史學和時代完全脫節。主要由於他們對於史學上所謂「客觀性」的問題的了解有其局限性，他們假定歷史事實是百分之百的客觀的，可以通過科學的考證而還原到「本來面目」。如果一切事實都考證清楚了，那麼全部的歷史眞相自然會顯現出來。因此我們可以樂觀地等待著「最後的歷史」(ultimate history)的出現。正是根據這一假定，史料學派才否認史學和時代之間有任何關聯。這一學派的人深信，純粹客觀的史實既

能通過一定的考證程序而恢復其「本來面目」，則史學家因自身所處的時代而產生的一切主觀因素都已被摒除在史學之外了。

我們承認，有些所謂歷史考證的工作，其具體結論的正確與否的確是不受時代影響的，如名物制度、訓詁校勘、地理沿革、人物生卒等種種方面的具體問題，一旦獲得了正解，便再也不會隨著時代而更動。但是這一類的考證雖然都涉及史學家所必備的基本事實（basic facts），卻不足以當「歷史事實」（historical facts）之稱[2]，因為這些基本事實只不過給歷史提供了一套外在的架構，它們本身並沒有內在的意義，即不能說明歷史的變化，而且即使是這一類的考證，其興起與發展仍不能完全脫離時代。我們不免要追問：史學家何以在某一個時代對某一類的名物、制度、典籍、人物、地理發生了特別的考證興趣呢？

史料學派不但誤認一切基本事實為歷史事實，而且對每一事實復盡量作孤立的處置。因此他們主張「證」而不「疏」。在「史學即史料學」的理論支配之下，他們的「證」的範圍則退縮到材料的真偽這一點上。在這種情形下，真正的史學研究是無從開始的。近幾十年來史學的一般發展使我們認識到，歷史事實之所以成為歷史事實，是和史學家對它的了解分不開的。歷史事實無窮；相對於任何一項歷史上的變化與發展而言，史學家經過反覆的研討，才在眾多的歷史事實之中發現它們之間主從輕重的複雜關係。發現這種關係便是對歷史現象作出了最卓越的解釋。《書經》所謂「疏通知遠」，司馬遷稱《史記》的目的在「通古今之變」，其中心的涵義

2　我這是借用了E. H. Carr的兩個術語，見他的 *What is History?* (New York, 1962), pp. 7-11.

即在於是。所以我們雖然同情史料學派對「證」的強調，但是卻絕不以此爲史學的止境。今天的史學家一方面要用最嚴格的實證方法來建立史料，另一方面則要通過現代各種學科的最新成果和時代的眼光來「疏通」史實與史實之間的關係。

由於觀點的不同，史學家在疏通的工作上常不免有見仁見智之異。對於同一歷史的變動，史學家根據他們對史實本身及其相互之間關係的不同理解，往往提出不同的解釋（explanation）。這是史學發展的常態。歷史的解釋不但因時代而變，而且即使在同一時代也紛然雜陳，不易歸於一是。無論是異代還是同時，總之史學是脫離不了時代的。每一時代都有其獨特的問題，史學家的注意力便隨著時代的問題而不斷地轉移其方向，並且一般學術研究的日新月異也足以逐漸加深史學家對同一史實的理解。例如魯宣公十五年（前594）「初稅畝」，是一件重要的歷史事實，《春秋》三傳都會著重地加以評論；後世制度史家也都注意它。但是這件事的意義一直要到現代社會經濟史學發展到相當高度之後，史學家才能結合其他相關的史實加以充分的發揮。而社會經濟史學之興起正反映了我們這個時代的問題之所在。

史學與時俱變，史學家的解釋也往往互有出入，那麼歷史究竟有沒有客觀性呢？其實歷史的客觀性是根本不容懷疑的。史學家從各種不同的角度來觀察歷史，只有使歷史的客觀面貌越來越清楚。「橫看成嶺側成峰，遠近高低各不同。」廬山的眞面目即客觀地存在於遊人的四面八方的觀賞之中。我們決不能因此認爲，廬山客觀地具有無數的面目，或根本沒有任何面目。兩千年前，司馬遷「通古今之變，成一家之言」這兩句話早已接觸到了史學上客觀或主觀問題的核心。「古今之變」是客觀的歷史；而司馬遷用他的「一家

之言」來「疏通」「古今之變」則是史學家的主觀解釋。但是對
《史記》而言，司馬遷的主觀解釋不但絲毫無損於歷史的客觀，反
倒照明了「古今之變」。

司馬遷自稱其書爲「一家之言」，班固雖不同意他的觀點，卻
也不能不承認《史記》是「實錄」。這正是由於《史記》的疏通工
作是建立在史料考訂的堅固基礎之上，即所謂「網羅天下佚失舊
聞，考之行事」[3]。所以《史記》是中國史學傳統中「疏」與
「證」結合，主觀與客觀交融的一個最成功的範例。而司馬遷之所
以能有此輝煌的成就則不能不部分地歸功於他對自己所處的時代有
一種極深刻的感受。班固批評《史記》說：「其是非頗繆於聖人，
論大道則先黃老而後六經，序遊俠則退處士而進奸雄，述貨殖則崇
勢利而羞賤貧。」[4] 其實這些地方正顯出了司馬遷的「良史之
材」。他撰史於漢武帝「罷黜百家，獨尊儒術」之世，但朝廷的功
令並不能使他無視於當時在文化、社會方面十分活躍而爲大一統的
政府所不喜的種種力量。《史記》著重地記載了黃老、遊俠、商賈
的活動，一方面這是作者「一家之言」的一種表現，另一方面也恰
好是作者時代的忠實反映。史學的主觀與客觀在這裡不是對立而是
統一的。

3　見〈報任安書〉，《漢書》，第6冊，頁2735(中華書局，1962)；參見
　　Burton Watson, *Ssu-ma Ch'ien, Grand Historian of China* (Columbia
　　University Press, 1958), p. 66.

4　見《漢書》，第6冊，頁2737-2738；參見Waston，同上，頁68。

二、「歷史規律」與時代需要

　　如果說史料學派的特色是史學與時代的脫節，那麼史觀學派的特色則恰好相反，即史學與時代結合得過分密切，有時竟達到古今不分的地步。這兩派之所以如此背道而馳是和他們對待史學的態度分不開的。史料學派是「爲史學而史學」的，根本不考慮他們認爲與史學無關的任何外在因素，包括所謂「時代」在內。因此他們可以心安理得地考證一件件孤立的史實。近代中國的史觀學派則自始便不是從純學術的立場來研究歷史的。他們的史學主要是爲現實服務的，或者更具體地說，是爲他們所從事的政治運動尋找歷史根據的。必須指出，這種態度本身是絕對無可指責的；相反的，一個人如果眞是從愛國家、愛民族的純潔動機去治史，這正是表現了一種高貴的道德情操。晚清許多史學家如章太炎、梁啓超便曾從排滿、革命的觀點對中國的歷史下過不少重要的論斷。所以我們所說的史觀學派在中國已有很長的一個發展階段，決不限於馬克思的唯物史觀。不過在今天，我們檢討中國的史觀學派自然不能不以唯物史觀爲主要對象。

　　史觀學派因爲完全從現實政治的要求出發，最後必然地模糊了過去與現在之間的界線，並從而否定了歷史的客觀性，爲應付眼前需要所寫出來的歷史，雖然表面上是在分析過去，但實質上則處處是影射現在。這樣一來，歷史就變成了一個任人予取予求的事實倉庫，它本身已沒有什麼客觀演變的過程可言了。而且這種對待歷史的態度又是和政治任務的迫切性成比例的：當任務最迫切的時候，史學上的一切求知的戒律都將被棄置不顧了。過去幾年中，在中國

大陸上占據著統治地位的所謂「影射史學」便是史觀學派最極端的一種發展[5]。

　　一方面，對於史學應當配合時代這種觀點，我們基本上是同情的；但是另一方面，我們則強調，史學和現實之間又必須保持著適當的距離。史學對我們可以有啓示、有昭戒，然而並不能直接爲現實服務。史學作爲一門學術而言是有其紀律和尊嚴的；破壞了這個紀律不僅毀滅了史學，而且也混亂了現實。以自然科學爲例，任何一門科學都有它的基礎研究、理論研究，這是科學之紀律的基本要求。我們當然希望這種基礎研究最後可以發生實際的效用，但是我們決不能爲了急於求實用之故而去干擾科學的紀律，史學研究也完全是一樣的。沒有基礎研究，史學便根本不能成爲一種獨立的學術。至於這種研究到底何時發生效用，如何發生效用，以及發生何種效用，則是無法預知的。唯一可知的是，史學研究和一切科學研究一樣，如果針對著時代的需要而善爲規劃，其結果絕不會是完全無用的。

　　從理論方面看，史觀學派也有其基本困難。我們在前面曾分析了史料學派對史學上客觀性問題認識不足。現在我們要指出，史觀學派，特別是唯物史觀，對於歷史上所謂「規律」(laws)的問題缺乏清楚的交代。史觀學派的史學基本上是擔負著支持政治運動的任務的。而史學所能給予任何政治運動的最有力的支持，莫過於宣告這個運動是代表了一個不可抗拒的歷史潮流。這樣的說法最足以瓦解反對者的抗拒意志。這和中國歷史上王朝所宣揚的「奉天承運」的天命論，實際上是有著同樣的作用。但是今天是科學的時代，天

5　參見拙文〈十字路口的中國史學〉。編按，已收入本書。

命論早已破產了,只有科學才有無可抗拒的說服力量。「歷史潮流論」便正是以科學必然性的姿態出現在我們面前的。

「必然論」建築在「歷史規律」的基礎之上。一種歷史潮流之所以被視爲不可抗拒是因爲它遵循著歷史發展的規律。自然界的一切運行必然遵守自然規律,這一點已爲近代科學所證明,無可置疑。如果歷史發展也有它的規律,而這些規律又已在史學上完全獲得了證實,那麼依照著這種規律而運行的歷史潮流自然也是無可抗拒的。現在讓我以唯物史觀爲例來檢查一下「規律」這個概念的確切意義。

在馬克思的唯物史觀中,有兩個重要組成部分特別具有「規律」的涵義,或者說是被馬克思主義者著重地當作「規律」來宣揚的:第一、在縱的發展方面,人類社會必然經歷五個階段,即原始共產主義社會、奴隸社會、封建社會、資本主義社會和社會主義社會。第二、在橫的結構方面,物質生活中的生產方式是下層基礎,決定著政治、社會、文化等上層建築。

就第一點說,馬克思的五階段論是他觀察西歐歷史所獲得的一種綜合看法,他自己並不承認這是「放之四海而皆準」的普通規律。當他的追隨者要把他的理論應用於俄國的時候,他立刻表示了強烈的反對。他明白地指出,西歐的特殊歷史經驗不能轉化爲一般性的歷史哲學學說,以爲一切民族都必然經過同樣的歷程。他更進一步說,凡是把一般性的歷史哲學學說當作萬靈方的人都不可能了解歷史,因爲這種學說在本質上是超歷史的(supra-historical) [6]。正

6　見馬克思的 "Reply to Mikhailovsky," (1877)收入 David McLellan, *The Thought of Karl Marx* (Aharper Torchbook 1971), pp. 135-136.

是因為當時的追隨者濫用他的歷史理論，馬克思才憤然地用法語說：「我不是一個馬克思主義者！」既然馬克思自己堅持他的歷史理論僅限於西歐一隅，則這個歷史階段論當然不可能具有科學規律的普遍意義。

關於第二點，馬克思的確是當作一種普遍規律來陳述的。但是根據現代哲學家的分析，生產方式和所謂「上層建築」之間的關係仍然有欠明確，遠不能與科學上嚴格意義的「規律」相提並論。如果每一個時代的上層建築如哲學、藝術、宗教等是被生產方式所決定的，那麼一種生產方式最多只能決定一種哲學、一種藝術、一種宗教。然而事實上，每一時代都有多種哲學、藝術、宗教。究竟其中哪一種哲學、藝術、宗教才算是典型的呢？其餘非典型的又是被什麼物質基礎決定的呢？所謂「決定」，又有什麼確切的意義呢？像這些問題，在唯物史觀中並沒有得到基本地澄清。一般地說，唯物史觀強調物質生活和精神生活之間有某種內在的聯繫是一個深刻的觀察，這一點特別對現代史學、社會學的發展產生了重大的影響。但是直到今天為止，我們尚沒有足夠的理由把這種聯繫轉化為精確的規律。事實上，恩格斯在晚年對這一點已有所修正。他在1890年9月21日致布洛赫(Joseph Bloch)的信中說道：

> 根據唯物史觀，歷史過程中的決定因素，歸根到底是現實生活的生產和再生產。無論馬克思或我從來沒有肯定過比這更多的東西。如果有人把這個說法加以歪曲，說經濟因素是唯一決定性的因素，那麼他就是把這個命題變成毫無

內容的、抽象的、荒誕無稽的空話。[7]

所以根據恩格斯的晚年定論，上述唯物史觀的第二點也不具備嚴格
意義上的科學規律的資格。

三、基於西方經驗的模式

　　史觀學派在近代中國史學方面還投下了另一種消極的影響，即
以西方歷史發展的抽象模式來籠罩中國歷史的實際進程。上述馬克
思主義者的五階段論即是一個例子。這種風氣並不限於唯物史觀一
派。例如一度最為流行的分期法，把中國史劃分為上古、中古和近
代三個階段，便顯而易見地是西洋史在中國的翻版。日本的內藤虎
次郎曾以宋代與文藝復興相比附，斷為中國近代史之始；這個「內
藤說」雖然已力求照顧到中國史發展的特點，其基本模式則依然是
西方的。

　　規律和模式都建立在一個共同的假定之上，那便是世界上各民
族都經過一個普遍的社會發展的歷程。關於這個假定，我們可以分
別從理論和實際兩方面來看。理論上說，我們現在對這個假定既不
能肯定，也不能否定。目前一般分析哲學家和職業史學家，因為鑑
於「玄想的歷史哲學」（Speculative philosophy of history）的困難重
重，頗有從理論上排斥這個假定的傾向。我們認為這樣的否定態度
只能看作是現階段心理挫折的一種反應，而不是「此路不通」的確

7　　見*Karl Marx and Friedrich Engels Correspondence,1846-1895*（International
　　Publishers, New York, 1934）, p. 475.

定表示。史學在各國的發展情況目前極不平衡，而比較史學更是距成熟之境尚遠；總之，我們還沒有到能夠心安理得地下斷語的時候。

就實際的研究成績說，由於西方的史學和一般社會科學較為發達的緣故，一般人往往把從西方歷史經驗中觀察得來的論斷當作具有普遍性的規律或典型模式。資本主義究竟是不是每一個社會發展所必經的一個階段呢？嚴格地說，西歐是唯一的歷史例證(美國則是西歐的延長)；馬克思關於這個問題的謹慎態度在今天仍然是適用的。一兩個例證當然產生不出普遍性的規律，也不成其為典型。羅素曾不很認真地說過：「中國似乎是一切原則的例外。」即使這句話是真的，恐怕問題也不在中國而在原則。羅素所指的當然是從西方經驗中所歸納出來的原則。

但是中國不可能真是一切原則的例外。我們引羅素的戲言，其意僅在提醒史學家！任何有關尋求社會發展的普遍性規律的努力首先便不可離開中國的歷史經驗。史觀學派的問題不在於他們對規律或模式的執著，而是在於他們對「規律」這一在科學上具有嚴格意義的概念體認得不夠真切，他們將西方歷史上一些局部有效的概括性論斷(generalization)錯誤地看成了普通性的歷史規律。因此他們的史學工作主要不是在豐富的歷史經驗中尋求中國文化發展的型式(pattern)，而是運用中國的經驗來適應西方的理論。這種以西方模式籠罩中國經驗的態度激發了認同中國傳統價值的歷史學家強烈的民族感情。在他們看來，奉西方為楷模是在心理上徹底向西方文化投降的表示。一部分人甚至懷疑我們究竟是否有接受西方史學的必要。中國在自然科學方面雖然比西方落後，但史學一向自成系統而甚有光輝，有什麼理由唯西方是從呢？

我們很同情這種民族自尊感,但是這裡所涉及的問題卻不如此簡單。「模式」、「規律」的吸引力並不單純地因爲它們起源於西方;更是因爲它們打著科學的旗號。自19世紀以來,科學具有無比的權威性,史學一直處於科學的壓力之下。時至今日西方實證論的哲學家和社會科學家中認爲史學只管事實的考證與整理而理論則應劃歸社會科學者,依然大有人在。西方比較保守的史學家對這種挑戰同樣感到難以應付。我們可以說,近三十年來西方批評的歷史哲學(critical philosophy of history)運動便是在這一背景之下發展起來的;歷史知識的性質構成了這個運動的核心問題。近年來強調必須理解歷史解釋的柯林伍德派(Collingwoodian)和解釋理論(Hermeneutic theories)的影響漸大也是基於這一背景。所以分析到最後,這是現代科學與人文學科之間一場有關基本性質的爭論。我們決不能把它誤解爲西方理論與中國事實之間的對立,並從而在史學研究上激發過度的民族情緒。

四、超越史料學派與史觀學派的實證主義限制

以上我們重點就史料學派和史觀學派的理論與實際作了一些疏解。通過這些疏解,我們大體上可以了解近代中國史學的主要趨勢及其癥結所在。但是我們的根本目的並不是批判過去,更不是否定20世紀初葉以來中國史學研究的全部成績。今天的歷史思考已達到一個新的成熟水平,到了重新審視的時候了。爲了推動今後中國史學的發展,我們不能不對以往所經歷的道路在理論和實踐上有一番深徹的反省。反省是新旅程的開始。

無論我們在今天怎樣不滿意史料學派和史觀學派,他們所留下

來的研究業績終究是不可廢的，並且將成為今後中國史學發展的基點。科學的發展必須站在巨人的肩上，史學也不例外。縱使近代中國史學史上只有常人而無巨人，我們也必須先踏上這些常人的肩頭才能看清楚前面的道路。事實上，史料學派和史觀學派在史學上各有其堅強的立足點。從上面的疏解可以看出，這兩派儘管在觀點上都有需要調整的地方，但它們立論的核心則是經得起時間考驗的，換句話說，即是與史學俱來的基本要素。正如我們在本文之始便已指出的，史料與史觀同為史學所不可或缺的組成部分。

　　就思想的淵源言，中國史學的史料學派和史觀學派分別植根於史學追求科學化的兩個途徑。我們已指出史觀學派的「規律」和「模式」是從科學方面移植過來的；另一方面，史料學派之注重「原料」與「事實」也同樣是奉科學為模範的。在19世紀的實證主義者看來，所有的自然科學都必須始於原料的收集和事實的建立。我們知道，在實證主義者那裡，事實與規律具有共生的關係，前者的探明必然導向後者的發現。大體言之，在19世紀末到20世紀初，歐洲尤其是德國的史學家卻各持一端而分成截然對立的兩個陣營。一方面，蘭克(Leopold von Ranke)文獻考證的方法論後來演變為「科學的史學」(Scientific history)，另一方面，蘭普勒赫(Karl Lamprecht)領導著反蘭克派的尋求歷史規律的運動(蘭克是否真的是「科學的史學」的奠基人，抑或仍屬於德國唯理主義的傳統，當然也還是一個問題，只是這裡我們不需要關心)。中國的兩派對立，比較接近德國的這個情況。事實表明，史觀學派極大地借用了黑格爾和馬克思的精神遺產，而史料學派對蘭克學派的知識接受也決不少於對清代考證傳統的繼承。對史料學派和史觀學派互相排斥的狀態有所指摘，並不意味著我們想要做調解人。相信用蘭克的

「科學方法」可以發現蘭普勒赫所強調的普遍的歷史規律,那是樂觀而天眞的想法。我們所相信的是,對史料學派與史觀學派我們現在能夠超越實證主義式的認識。不容置疑的是,在現代世界克萊奧(Clio)這位歷史女神已穩步地贏得了科學的尊重而無須成為「賽先生」。一旦我們突破史料學派和史觀學派的實證主義窠臼,我們所期待於中國史學的展望也將是不同的。帶著這樣的認識,我們願意提出以下幾點卑之無甚高論的觀察:

第一,我們一開始就說史學是一種綜合貫通之學,必須從其他相關的各種學科中吸取養料。現在我們應該對這句話有一個比較清楚的解釋。與史學直接、間接有關的學問無數,從過去的訓詁、語言,到今天的各種社會科學以及某些自然科學都可以和史學扯得上關係。但是在學術日益成熟和專業化的今天,我們豈能要求史學家盡通一切學術之後再來治史?事實上,有些必須經過專門訓練才能研究的專史早已脫離了一般史學的範圍。例如,嚴格意義的經濟史已成為經濟學而非歷史學的一個旁支;而科學史更是已經完全獨立了。所以我們所說的「綜合貫通」,不過是指史學家在研究某一時代歷史事象時不但一方面要照顧到該事象在其前後時代中的縱的線索,而且另一方面還要考察它與其同時代一切有關的事象之間的各種可能的橫的關係。這和社會科學家之在同一類事象中求其抽象的通則或根據某種已知的通則研究某一類事象者,迥不相同。例如史學家研究南北朝門第制度時,他既要考其前後的流變,又要把它貫穿在當時政治、社會、經濟文化種種的條件關係之中去進行比較全面的了解。他所做的工作是和人類學家或社會學家之研究門第的親屬系統者絕不相同。史學家當然也不可避免地要涉及親屬系統的問題,以及其他社會科學家所注意的一些問題,但他只是從史學的需

要上去「涉及」社會科學的某些有關的部分而已。他毋需乎對任何一門社會科學去作系統的研究。任何一個在近代學術方面受過基本訓練的史學家都可以做到這一點。這正如一個社會學家在研究過程中涉及某一時代的歷史背景時，他只要參考有關的基本史學著作就夠了，而不必親自動手去考證那個時代的歷史。其實，這是中國傳統學術中所早已接觸到的博與約、通與專的問題，章學誠說得好：「宇宙名物，有切己者雖錙銖不遺，不切己者雖泰山不顧。」[8] 所以史學家究竟需要那些方面的輔助知識是因人而異的，要看研究範圍的「切己」情況而定。

五、中國史學家理解的「方法」

第二，我們要談一談方法論的問題。中國的史料學派和史觀學派都非常重視方法並強調他們所持的方法是最新的科學方法。因此近代中國的史學界一直流行著一種觀念，即史學的進步主要是靠史學方法的進步。這個看法當然是有相當的道理的。但是什麼是史學方法呢？這一點似乎大家並沒有追問到底。

我們細察近代中國史學家所說的方法，發現它具有兩個不同層次的涵義。第一層是把史學方法看作一般的科學方法在史學研究方面的引申。已故胡適博士「大膽假設，小心求證」這句著名的口號便屬於這一類[9]。假設說的流行起於1902年法國數學家龐迦瑞

8　見《文史通義‧假年》(古籍出版社，1956)，頁190。
9　見Hu Shih, "The Scientific Spirit and Method in Chinese Philosophy," 收入 Charles A. Moore編 *Philosophy and Culture——East and West* (Honolulu, 1962), p. 221.

(Henri Poincaré)的《假設與科學》一書。「規律」含有不可改變的意味，龐氏以「假設」代之，可以消除這種誤會，因為科學上所謂「規律」則往往為新發現的事實所推翻。這一觀念上的改變當然也影響到社會學和史學；19世紀所謂「社會發展的規律」或「歷史規律」包括唯物史觀在內，在今天看來都只能算是「假設」了。但無論是「規律」還是「假設」，總之都不能算是史學本身所獨有的方法。

「方法」的第二層涵義是指各種專門學科中的分析技術，如天文、地質、考古、生物等各種科學中的具體方法都可以幫助歷史問題的解決。但這些顯然更不是史學的獨特方法了。其實即使是與傳統史學關係最深的一些方法，如文獻學的、訓詁學的之類，嚴格地說，也不能逕視之為史學的方法。一個專門辨偽的人是文獻學家而不是史學家，雖則史學家有時也必須從事某種程度的辨偽工作。我們不難想像有一種情況，特別是在近代史或現代史的研究方面，史學家可以不遇到什麼嚴重的辨偽問題，更完全不發生任何訓詁的問題。史學家當然也有他獨特的一套工作程序，如確定證據，建立史實，發現史實與史實之間的關係，解釋變化等等，但是這些工作卻是與其他學術的發展息息相關的。新學術的興起有時開拓了史學家的視野，使他對「證據」、「史實」有新的了解。以前不是「證據」、「史實」的，現在則變成極重要的「證據」、「史實」了。近幾十年來西方「心理史學」(Psycho-history)的流行便是一個明顯的例子。

我們這樣分析並不是要證明史學沒有方法論；我們只是要指出，史學的確沒有固定的方法；在技術層面上，史學是在不斷地吸收其他有關科學的方法以為己用的。這一點正和我們前面所說史學

的綜合貫通性格相應。那麼史學無定法，是不是表示史學完全依附於其他科學，因而失去了獨立自主呢？這種憂慮其實是多餘的。正如主張以社會科學的方法研究歷史最力的貝克霍夫(Robert F. Berkhofer, Jr.)所指出的，史學家在歷史時間的系統之內盡可能地從整體的觀點(holistically)來研究人類的過去，這就使得他「在目的與方法兩方面都和社會科學家分道揚鑣了」[10]。

然而「爲學如扶醉人，扶得東來西又倒」。我們一方面雖然主張史學必須不斷地吸收新方法，但另一方面則要鄭重提出警告：千萬不可迷信方法。從經驗科學中發展出來的方法都有它使用的際限；彼此借用之際一定要考慮到因經驗對象相異所產生的不同效果。而新方法則尤其需要高明的行家通過反覆的試驗才能發展到成熟的階段。「心理史學」上最成功的著作便是心理學家而不是史學家寫的。到現在爲止，「心理史學」的失敗之作遠多於成功之作，最近巴森(Jacques Barzun)對於「心理史學」的偏向發展特別提出嚴正的批評；這對史學家在方法上過分趨新的風氣眞不失爲最有力的糾正[11]。

史無定法，而任何新方法的使用又隱藏著無數的陷阱；這一事實充分說明在史學研究上沒有捷徑可走，一切都要靠史學家自己去辛苦而耐心地摸索。這種情況並不自今日始，可以說是自古已然。一個世紀以前，蒙森(Theodor Mommsen)就說過：「如果一位史學教授認爲他能像訓練經典學者和數學家一樣訓練史學家，那麼就是

10　見Robert F. Berkhofer, Jr., *A Behavioral Approach to Historical Analysis* (The Free Press, New York, 1969)，特別是pp. 265-267.

11　見Jacques Barzun, Clio and the Doctors, *Psycho-History and History* (The University of Chicago Press, 1974).

處在一種危險而有害的錯覺之中。史學家是別人不能訓練得出來
的，他只有自己訓練自己。」[12]這真是有關史學方法的證道之言。
史學的困難在此，但史學的吸引力也在此。

六、中國文化的基本型態

第三，我們一方面不取史觀學派所持「規律」之說，另一方面
也不滿意史料學派的瑣碎割裂，那麼我們對於今後中國的史學，有
什麼樣的期待呢？我們又究竟該走什麼道路呢？關於第一點，用最
簡單的話說，我們希望史學研究可以逐漸使我們從多方面去認清中
國文化的基本型態及其發展的過程；我們同時更希望這種對過去的
確切了解可以照明我們今天的歷史處境。

不可諱言，在我們這樣說明對於今後史學研究的期待時，我們
已經肯定了一些東西。首先我們肯定文化是有型態(Pattern)可言
的，而中國文化則具有它的獨特型態。這一點雖然現在已是多數學
者，特別是史學家、人類學家、社會學家所共同接受的一個假設，
但仍有強調的必要。因為在西方模式籠罩之下，中國以前頗有人主
張中、西文化的不同不在型態而在歷史的階段，即西方已進入近代
而中國尚停留在中古時代。即使在今天，這一觀念也依然很有勢
力，唯物史觀的中國歷史分期便建立在這個基礎上面。其次，我們
肯定歷史是一個發展的過程。這就是說，歷史並不是無數彼此不相
關聯的事實碎片的偶然集結，而是具有連續性的。這種連續性在各

12　見他的"Rectorial Address,"英譯文收入Fritz Stern編 *The Varieties of History, A Meriden Book* (1956), p. 193.

個不同的歷史階段則表現為史學家所說的趨向、趨勢或潮流；用中國傳統史學的名詞說，便是「勢」。但是在我們所說的趨勢或潮流的後面卻不存在任何「上帝的計畫」、「理性」或「規律」這一類至少目前尚無法證明或反證的假定。因此我們不能斷定歷史上的趨勢或潮流是否「不可避免」或「不可抗拒」。我們只相信，通過史學研究，歷史上的趨勢或潮流是能夠被發現並得到合理的解釋的。在這一點上我們和史料學派與史觀學派都有基本的分歧。最後，我們肯定在古與今、過去與現在(包括某種限度的未來)之間是相通的；這一肯定的最重要的根據之一便是剛才提到的歷史的連續性。我們強調史學與時代之間必須維持一種適當的關係，主要也還是著眼於此。中國的現在當然不完全是中國的過去所單獨決定的，但中國文化的獨特形態及其發展過程所造成的「勢」的確是使中國進入目前這種狀態的一股主要動力，而且餘「勢」未衰，還在繼續推動我們朝前面走。今天許多史學家已不再相信鑑往可以知來；嚴格科學意義的預言也誠然不在史學的範圍之內。但是史學家通過精闢的研究使我們認清這種「勢」的性質與作用，對我們眼前的處境有指點方向之功。第二次大戰期間，法國中古史大師布洛赫(Marc Bloch)親歷1940年法國陷落之痛，以無比的悲憤寫了《奇怪的挫敗》(*Strange Defeat*)一書，分析這一幕悲劇最為深刻周至。「這本書的力量可以說完全來自作者能用一千多年的法國史說明當身之巨變。」[13]這真是卡爾(E. H. Carr)所謂「過去與現在對話」(the dialogue between past and present)的一個最生動而感人的實例。何

---

13 H. Stuart Hughes, *History as Art and as Science* (Harper and Row, New York, 1964), p.106.

況史學雖不能預言，但史學家卻無法不時時刻刻以未來為念。多一分對過去的了解終可以使我們在判斷將來的發展方面，多一分根據。荷蘭著名史家慧辛迦(Johan Huizinga)說得最好：「對於歷史而言，問題永遠是：『向何處去？』」[14]

相應於我們上述的期待，今後中國史學的研究應該走那條路呢？這個問題當然很難具體回答，我們願意從原則方面略加申說。

史料學派以整理史料、考證個別事實為主要工作，並又自覺地排斥「疏通」，因此他們根本不願意接觸中國文化的形態及其發展歷程這樣的大問題。史觀學派與之相反，特別注重這一類的問題，然而他們在觀念上卻不幸已成為西方模式的俘虜；尤其極端者則通過西方的「一家之言」來安排中國的史料與事實。這不但限制了史學家尋求答案的範圍，而且還嚴重地削弱了史學家提出新問題的能力。史料學派在理論上否定了史學，史觀學派則在史學方面以借外債代替生產。其結果是殊途同歸，大家都只能以史料來炫耀於世。近代中國的史學界竟形成一種史料豐富而史學貧乏的奇怪局面。我們今後的史學研究一方面要把上述的大問題懸為終極的目標，而另一方面則無論在理論、方法或觀點上都要保持一種開放的態度。我們深知這樣的大問題不可能有最後的答案，但是大目標的確立可以使史學家認清他們的工作的方向和意義。開放的態度尤其重要；因為唯有如此我們才能希望逐漸得出符合中國歷史實際的論斷。在探索的途程中，異說競起的情況將是無法避免的，這正是學術進步的常態。史學永不可能完全定於一是，但在大關鍵上建立起共同的討

14　J. Huizinga, "The Idea of History, " 收入Fritz Stern, *The Varieties of History*,
　　p. 293.

論基礎則並非奢望。因爲基於理性和證據的研究成果畢竟具有最後
的說服力量。

七、史學研究中的比較與比附

　　對於中國文化的獨特型態及其發展過程的探索，基本上蘊涵一
種比較的觀點。離開了比較，文化形態的問題是無從彰顯出來的。
我們所謂比較是相對於其他文化系統來說的，如一般人所常提到的
印度文化、西方文化、伊斯蘭文化之類。英國的湯因比(Arnold J.
Toynbee)所作的文化分類，在此也有參考的價值。湯氏史學之所以
招致批評，主要不在於他所提倡的比較觀點，而在於他企圖從文化
的比較中尋求發展的「通則」或「規律」。

　　不但其他文化的歷史進程足供中國史學研究的比較參證，社會
科學家(特別是人類學家和社會學家)通過社區研究(不限於初民社
會)對文化所獲得的認識也有很大的啓發作用。韋伯曾說人是懸掛
在自己所編織的「意義之網」(Webs of significance)中的一種動
物。人類學家紀爾茲(Clifford Geertz)爲之下一按語，說文化便正
是這種「意義之網」。紀氏更指出，文化研究「並不是一門實驗
科學，因此不是要尋找其中的規律，而是要追問它所表現的意
義」[15]。史學在性格上無疑地與社會學、人類學相近，而與實驗科
學相遠。紀氏所特用的「解釋」(interpretation)一詞，其一部分涵
義是和前面提到的中國史學上所謂「疏通」暗合的。不過史學所要

15　Clifford Geertz, *The Interpretation of Cultures* (Basic Books, New York, 1973), p. 5.

追尋的並不單純是一種靜態的「意義之網」，更重要的是文化在歷史時間中的流變。

在過去幾十年中，史學家之間並不乏在理論上肯定以至提倡這種觀點的人。但是在實踐中，比較卻不幸流為比附。如孔子比附於蘇格拉底，孟子比附於柏拉圖，荀子比附於亞里斯多德。特別要提到的例子是梁啓超廣為影響的《清代學術概論》，正如史華慈所指出，這本書始終「貫徹和強調著歐洲文藝復興和清代的比附」[16]。這一類的比附雖不是完全無所見，但推衍過甚之後，反而使我們看不清中國史的本來面目。

另一方面也必須指出，在文化接觸的初期，比附作為一種比較方法，雖然絕不理想，但往往是不可避免的，有時甚至是必要的。佛教的「格義」便可以說明這一點。下迄4世紀，中國佛僧仍「以經中事數擬配外書，為生解之例」[17]。「外書」主要是指道家的哲學著作。換言之，印度的觀念借助中國思想的相似術語而得到解釋。等到中國佛僧完全把握到佛教理論的精微以後，發現這種「格義」之法「於理多違」，才棄而不用。但是佛教所提供的一種比較觀點，則從此在中國思想史上堅固地建立起來了。

目前中國史學中的西方影響也許還沒有完全脫離佛教史上的「格義」階段；我們對於比較觀點的運用尚未達純熟之境。然而回顧過去幾十年來中國史學的歷程，我們不能不承認這一方面的進步

---

16 見Benjamin I. Schwartz, "Foreword", Liang Ch'I-ch'ao, *Intellectual Trends in the Ch'ing Period*, Emmanuel C. Y. Hsü譯, p. 13 (Harvard University Press, 1959).

17 釋慧皎，《高僧傳・竺法雅傳》，英譯文引自Fung Yu-lan, *A History of Chinese Philosophy*, Derk Bodde譯, 卷2, pp. 241-242 (Princeton University Press, 1953).

是存在的，雖則是比較遲緩的。假以時日，中國佛教自主成長的一天，終究是會在中國史學上實現的。我們正不必爲以往一些不恰當的比附而沮喪，更不能因噎廢食，要完全拋棄比較的觀點。

歷史哲學上有所謂「類比謬誤」(fallacies of false analogy)，恰是針對著比附或格義的流弊而發的。然而哲學家和史學家同時也都承認，作爲溝通觀念或說明事象的一種方法而言，類比在史學上仍不失具有多方面的功能。簡單地說，類比不但是在異中求同，而且還在同中求異；史學家所經常援用的「比喻」(metaphor)便是類比的一種方式。比喻是取兩種事物中相類似之一端互爲說明，以加深了解。但局部之同無妨乎全體之異；而且即使在局部之同中也仍不免有細節之異。所以類比的運用如能在異同兩方面都達到恰如其分的境地，則正是史學得以不斷進步的基本保證。所以我們一方面肯定比較觀點在今後中國史學研究上的重要性，而另一方面則嚴格地要求史學家避免早期「格義」的籠統和粗糙。清代學術思想史決不能比附爲西方的「文藝復興」，但是在局部發展的某些個別層面上，如作爲信仰基礎的考證學興起，清代學者的確可以與文藝復興和宗教改革中的基督教人文主義者相比較。先秦百家之學的興起比附於古希臘的哲學發展雖值得懷疑，但是今天歷史學家、哲學家和社會學家所使用的「哲學突破」(philosophic breakthrough)的觀念則使我們在分析百家之學興起的文化背景時，可以比較於古代希臘、以色列、印度的哲學發展而增加一重理解的方便。此外如「專制」、「封建」、「革命」、「階級」、「社會流動」、「社會結構」之類中國史學著作中常見的概念，其經驗的內容雖大多起源於西方，但如加以適當的限定，也同樣可以應用於中國史的分析。劉勰在《文心雕龍》的〈比興〉篇曾說：「物雖胡越，合則肝

膽。」他又說：「故比類雖繁以切至爲貴；若刻鵠類鶩，則無所取
焉。」[18]劉勰在這裡所講的是中國文學上的「比」，然而我們卻正
好借來以表示我們關於史學上比較觀點的基本態度。

八、中國史學的「中距程」進路

　　最後，必須說明，我們強調「中國文化的獨特型態及其發展的
過程」的重要性，只是將此懸爲今後史學研究的終極目標。但是實
踐中，我們認定史學研究是一種具體而踏實的工作，其根基全在平
時一點一滴的功力積累。沒有功力或功力未至而希望在史學上立新
說、創獨見，古今中外皆無其例。六朝清談最號玄虛，而顏之推卻
說：「觀天下書未遍，不得妄下雌黃。」[19]今天當然沒有人能夠觀
遍天下書了。但是相對於一己的研究題旨而言，每一個史學工作者
首先便必須能夠充分地掌握住基本史籍。否則眞像王僧虔〈誡子
書〉中所說的話：「汝開《老子》卷頭五尺許，未知輔嗣何所道，
平叔何所說，馬、鄭何所異，指例何所明，而便盛於麈尾，自呼談
士，此最險事。」[20]沒有功力而談玄，尙且危險，更何況是「實事
求是」的史學呢？近代西方史學的突飛猛進決不能完全歸功於新觀
點、新方法，其基本功力的長期積累更值得我們注意。從古代碑文
的著錄，檔案的保存和整理，各種史籍和專集的編纂到無數的專題

18　英譯本見Vincent Y. C. Shih譯, Liu Hsieh, *The Literary Mind and the Carving of Dragons*, p. 198 (Columbia University Press, 1959).

19　英譯本見Ssu-yü Teng譯, Yen Chih-tu'i, *Family Instructions for the Yen Clan* (Leiden: E. J. Brill, 1968), p. 84.

20　見《南齊書》本傳，百衲本，卷三三，頁10b-11a。麈尾常用於清談。

研究和學報論文，這些都是西方史學功力的具體表現。事實上，正是由於這一堅實基礎的存在，新觀點、新方法才能有施展的餘地。

俗話說得好：「大處著眼，小處著手。」我們認清了什麼是現階段中國史學的主要任務，這是所謂「大處著眼」。能從「大處著眼」，我們自然不致重蹈史料學派的瑣碎和盲目的覆轍。但是中心的目標並不能代替工作的程序。我們不能把「文化型態」、「發展過程」加以口號化，然後安插到每一篇史學論著中去。這是史觀學派「以論代史」的舊陷阱。史學研究沒有捷徑可循。我們只有從「小處著手」，各就性之所近和專門訓練之所能，對中國史上具有關鍵性的各類大大小小的問題進行反覆不斷的分析與綜合。分析與綜合之間存在著一種動態的、辯證的關係。在某一類或某一時代的問題分析到可以作初步綜合的階段，我們便嘗試著去綜合；在綜合之際發現了新的空隙，我們又得重新從事分析的工作。不用說，在多數的情形下，歷史問題的處理不可避免地要求史學工作者同時在不同的層次上運用分析與綜合。但是問題或大或小，工作的性質或偏重分析或偏重綜合，都和作品的價值沒直接關係。史學作品的價值最後還是為它本身的學術品質所決定的。從研究工作之具體可行的觀點說，與其規模過大而流為空疏，則毋寧範圍較小而易見駕馭之功。求其中道而立，則社會學家默頓(Robert K. Morton)的「中距程理論」(the middle-range theory)之說最足資史學工作者的借鑑。默氏因感於社會學上有些理論過於龐大，以致無從取得經驗事實的印證，所以才特別提倡這樣一個「中庸」之道。而他自己的研究業績也充分說明這確是一條可以走得通的大路。史學也是經驗科學的一種，默氏的建議完全可以適用。

一部中國史浩瀚無垠，它不是一個只可供少數逞才使氣的英雄

人物馳驅征服的疆場。只有許多實事求是的史學工作者長期而不斷地默默耕耘，才能把這塊大地化爲一片肥沃的綠野。如果治史可以比作飲水，那麼我們不妨說，史學工作者只能企求學到李德裕那種品味的本領，分辨得出揚子江水有上下游的不同，而永遠無法具備馬祖禪師所說的神通，可以「一口吸盡西江水」。但是最有智慧的還是莊子的話：「鼴鼠飲河，不過滿腹。」[21]

　　這是每一個史學工作者的最高理想。讓我們借用這句話來表示我們對於中國史學的展望！

　　本文是據"The Study of Chinese History: Retrospect and Prospect," in George Kao, ed., *The Translation of Things Past, Chinese History and Historiography* (Hong Kong: The Chinese University of Hong Kong Press, 1982), pp. 7-26譯出。

21　英譯見Burton Watson, *The Complete Works of Chuang Tzu* (Columbia University Press, 1968), p. 32.

索引

余英時文集8
十字路口的中國史學

2023年1月二版　　　　　　　　　　　定價：平裝新臺幣300元
有著作權・翻印必究　　　　　　　　　　　精裝新臺幣480元
Printed in Taiwan.

著　　者	余	英	時
譯　　者	李		彤
編　　者	何		俊
總 策 劃	林	載	爵
總 編 輯	涂	豐	恩
副總編輯	陳	逸	華
叢書主編	沙	淑	芬
校　　對	陳	龍	貴
封面設計	莊	謹	銘

出　版　者　聯經出版事業股份有限公司　　總 經 理　陳　芝　宇
地　　　址　新北市汐止區大同路一段369號1樓　社　　長　羅　國　俊
叢書主編電話　(02)86925588轉5310　　發 行 人　林　載　爵
台北聯經書房　台北市新生南路三段94號
電　　　話　(02)23620308
台中辦事處　(04)22312023
台中電子信箱　e-mail:linking2@ms42.hinet.net
郵政劃撥帳戶第0100559-3號
郵撥電話　(02)23620308
印　刷　者　世和印製企業有限公司
總　經　銷　聯合發行股份有限公司
發　行　所　新北市新店區寶橋路235巷6弄6號2F
電　　　話　(02)29178022

行政院新聞局出版事業登記證局版臺業字第0130號

本書如有缺頁，破損，倒裝請寄回台北聯經書房更換。　　ISBN　978-957-08-6711-4 (平裝)
聯經網址 http://www.linkingbooks.com.tw　　　　　　　ISBN　978-957-08-6712-1 (精裝)
電子信箱 e-mail:linking@udngroup.com

本書中文譯稿由上海世紀出版股份有限公司古籍出版社授權使用

國家圖書館出版品預行編目資料

十字路口的中國史學 / 余英時著 . 李彤譯 . 二版 .
新北市 . 聯經 . 2023.01 . 148 面 . 14.8×21 公分 .
譯自:Chinese history at the crossroads
ISBN　978-957-08-6711-4(平裝)
ISBN　978-957-08-6712-1(精裝)
[2023年1月二版]

1. CST: 史學史　2. CST: 中國

601.92　　　　　　　　　　　　　111021605